职业教育通识课程系列教材

劳动与实践
——新时代劳动教育教程（高职版）

主编 金锦花 尹颜丽 侯 音
主审 傅爱斌

中国建筑工业出版社

图书在版编目（CIP）数据

劳动与实践：新时代劳动教育教程：高职版 / 金锦花，尹颜丽，侯音主编 . —北京：中国建筑工业出版社，2023.2
职业教育通识课程系列教材
ISBN 978-7-112-28384-2

Ⅰ.①劳… Ⅱ.①金…②尹…③侯… Ⅲ.①劳动教育—职业教育—教材 Ⅳ.① G40-015

中国国家版本馆 CIP 数据核字（2023）第 031375 号

本教材为高职院校通识课教材，以弘扬劳动为荣、铸造工匠精神为主旋律，以理论与实践相结合的方式进行输出教育与习惯养成。教材内容为三大项目教学与实践内容，包括"崇尚劳动 热爱劳动""尊重劳动 辛勤劳动""诚实劳动 创造劳动"。课程的项目化教学任务分为理论知识教学和实践技能实操两部分，其中理论讲述在主教材中，融合团队教师微课堂视频和实际案例，并且把在劳动课程中的建议学时进行标注，有利于教材使用者的教学进程安排；实践活动是通过教材的工作手册进行实践活动记录，有利于学生对于劳动与实践过程中的学习、成长及个人历程的记录。

为更好地支持本课程的教学，我们向采用本书作为教材的教师提供教学课件，有需要者请与出版社联系。邮箱：jckj@cabp.com.cn，电话：（010）58337285，建工书院：http://edu.cabplink.com。

责任编辑：高延伟 周 觅 吴越恺
责任校对：芦欣甜

职业教育通识课程系列教材
劳动与实践
——新时代劳动教育教程（高职版）
主编 金锦花 尹颜丽 侯 音
主审 傅爱斌
*
中国建筑工业出版社出版、发行（北京海淀三里河路9号）
各地新华书店、建筑书店经销
北京雅盈中佳图文设计公司制版
廊坊市海涛印刷有限公司印刷
*
开本：787毫米×1092毫米 1/16 印张：10 字数：176千字
2023年6月第一版 2023年6月第一次印刷
定价：**36.00元**（含工作页，赠教师课件）
ISBN 978-7-112-28384-2
（40805）

版权所有 翻印必究
如有内容及印装质量问题，请联系本社读者服务中心退换
电话：（010）58337283 QQ：2885381756
（地址：北京海淀三里河路9号中国建筑工业出版社604室 邮政编码：100037）

编写委员会

主　编： 金锦花　尹颜丽　侯　音
副主编： 宋　健　祁丽丽　王天禹　张　然
主　审： 傅爱斌
参　编： 温　琳　李　爽　王　楠　陈晓莉
　　　　　王华欣　张　波　温　和　田立臣

前　言

党的二十大报告就"实施科教兴国战略，强化现代化建设人才支撑"进行专章部署，强调必须坚持人才是第一资源，并就深入实施人才强国战略作出详细部署。这是立足新时代新征程的历史方位作出的重要政治论断，鲜明标示了人才在国家全局中的突出战略地位，为加快建设人才强国，全面推进中华民族伟大复兴指明了奋斗目标和努力方向。建设一支规模宏大、结构合理、素质优良的国家战略人才力量，是加快建设人才强国的重中之重，也是着力形成人才国际竞争的比较优势的关键所在。要大力培养使用战略科学家，打造大批一流科技领军人才和创新团队，造就规模宏大的青年科技人才队伍，培养大批卓越工程师、大国工匠、高技能人才，为加快实现高水平科技自立自强、推动高质量发展夯实人才根基。新时代背景下，高职院校应全面加强劳动教育，培养德智体美劳全面发展的高素质技术技能人才，因而急需构建职业教育中劳动教育体系，引导学生树立正确的劳动价值观、劳模精神、工匠精神。这不仅有利于培养学生的职业素质、专业知识和技术技能，还有利于解决人才培养存在的缺乏对学生创新能力的培养，吃苦耐劳、精益求精工匠精神的培养问题，有利于构筑"现代鲁班"人才成长之路。

2018年，全国教育大会强调："培养德智体美劳全面发展的社会主义建设者和接班人，加快推进教育现代化、建设教育强国、办好人民满意的教育"。劳动教育就是用劳动理论和劳动实践培养学生，使学生成为德智体美劳全面发展的社会主义建设者和接班人。职业教育要在技能型社会建设的进程中真正肩负起培养多样化人才、传承技术技能、促进就业创业的重要职责。建设技能型社会，要靠职业教育五育并举，让技能成为我国全面建设社会主义现代化国家新征程上的一抹最亮底色，真正实现职业教育与经济发展命脉紧紧相融。技能兴邦，职教兴国，加强劳动教育具有重要的现实意义。

本教材通过深刻理解与科学把握德智体美劳五育的辩证关系，结合黑龙江建筑职业技术学院各专业实践教学特色，通过专业岗位技能实训和各类特色社团实训大力开展劳动教育、职业精神培训，有利于培养德智体美劳全面发展的高素质技术技能人才。本教材在实训项目实施中关注学生的职业竞争力、岗位胜任力、可持续发展能力及终身学习能力，坚持做到德智体美劳五育并举。高职院校在人才培养过程中，通过劳动教育与德育的有机结合，培养学生良好品德；通过劳动教育与智育的有机结合，增长学生知识技能；通过劳动教育与体育的有机结合，塑造学生健康体魄；通过劳动教育与美育的有机结合，提升学生审美素养。通过劳动教育使学生树立正确的劳动观念和劳动态度，培育劳模精神、劳动精神、工匠精神，培养技术技能，全面提高受教育者的素质。

  本教材在编写过程中得到了中国劳动关系学院劳动教育学院李柯院长的大力支持，为本教材的问世提供了大量专业性指导和帮助，在此表示衷心的感谢！另外，本教材在调研、策划编写过程中得到了黑龙江建筑职业技术学院各级领导的大力支持和帮助，同时也得到了戚余蓉、黄河、王巍、齐春娟、裴斐、张鸿勋、刘薇、李俊佚、高天宇、崔琳、许冠宇、孟洋、乔芳等各位老师的大力支持和协作，在此表示诚挚谢意。

  限于人力、时间、水平和其他原因，书中难免缺点和错误，恳请广大读者、教师和同行批评指正，以便适时修改。

黑龙江建筑职业技术学院
金锦花
2023年4月于哈尔滨

目　录

导　言 ··· 001

项目一　崇尚劳动　热爱劳动 ·· 002

任务一　认知劳动
　　　　——马克思主义劳动观专题教育 ·· 002

任务二　"从学生到公民"
　　　　——劳模精神专题教育 ·· 015

任务三　"一屋不扫，何以扫天下"
　　　　——争当文明寝室主题劳动实践 ·· 020

任务四　"扫雪除冰，便民利行"
　　　　——清雪主题劳动实践 ·· 026

任务五　优秀毕业生职业劳动故事主题分享 ··· 027

任务六　"技能人才，出彩人生"
　　　　——专业技能拓展主题劳动实践 ·· 031

任务七　"劳动美，美在哪里"
　　　　——"五一"国际劳动节主题教育 ·· 036

项目二　尊重劳动　辛勤劳动 ·· 039

任务一　"做一名新时代高素质劳动者"
　　　　——劳动精神专题教育 ·· 039

任务二　"新时代的三百六十行"
　　　　——职业认知专题教育 ·· 049

任务三　"我为人人，人人为我"
　　　　——志愿服务主题劳动实践 ··· 058

任务四 "劳动创造美好生活"
　　　　——职业素养提升专题教育 …………… 061

任务五 "精益求精无止境"
　　　　——工匠精神专题教育 ………………… 066

任务六 "美丽中国植此青绿"
　　　　——义务植树主题劳动实践 ……………… 070

项目三　诚实劳动　创造劳动 ………………………… 075

任务一 "从平凡到不平凡"
　　　　——劳模工匠人才故事分享 ……………… 075

任务二 "安全重于泰山"
　　　　——劳动安全专题教育 …………………… 080

任务三 "美丽乡村由我规划"
　　　　——参与乡村振兴主题劳动实践 ………… 093

任务四 "诚信赢天下"
　　　　——尊重劳动成果专题教育 ……………… 097

任务五 "不可不知的劳动法律知识"
　　　　——劳动者合法权益保护专题教育 ……… 103

任务六 "从劳动的创造性到创造性劳动"
　　　　——大学生创新创业主题劳动教育 ……… 111

参考文献 ……………………………………………………… 116

导 言

　　劳动素养是人在劳动过程中的劳动观念、劳动心态和劳动技能的综合体现。在学校学习获得的劳动知识和劳动技能，需要在家庭、社会实践中不断巩固和发展，最终内化为劳动意识和习惯，因此要注重劳动习惯的养成，因为习惯才是稳定的、自动化的行为。习惯的养成不能只靠行为训练，还要通过认知、情感和行为三个关键环节来实现。本教材三个项目"崇尚劳动　热爱劳动""尊重劳动　辛勤劳动""诚实劳动　创造劳动"，通过了解掌握劳动精神的概念和意义，使学生在学习生产实践中，学习劳动工具使用方法，提升专业技能实践劳动能力，增强劳动与社会公益服务的意识、法治约束的意识、创新创业的意识，让同学们系统掌握基本劳动方法和技能，并善于在劳动中总结提高，积极参与校内外公益劳动（图0-0-1），并在不同的劳动实践中学以致用，全面锻炼提升，力争成为新时代合格的劳动者。

图0-0-1　大学生园艺实训公益劳动

项目一
崇尚劳动　热爱劳动

任务一　认知劳动——马克思主义劳动观专题教育

任务学习目标	建议课时	授课形式
◆ 掌握劳动教育意义 ◆ 掌握劳动的概念 ◆ 掌握劳动的分类方法 ◆ 掌握劳动的价值 ◆ 树立正确的劳动价值观 ◆ 了解劳动相关法律法规和培养良好的劳动习惯与品质	2学时	课堂讲授 扫描二维码1-1-1看微课视频 二维码 1-1-1

➢ 任务一　课内任务实践："树立劳动意识"主题讨论（见实践活动工作页）

一、劳动教育意义

1. 劳动教育是遵循马克思主义教育思想的必然要求

对照人类社会的发展史，无论是人类解放和自身发展，还是获得财富，都离不开劳动，幸福也需要通过劳动来创造。马克思提出了生产劳动与教育相结合的劳动教育思想，并将其确定为办好社会主义教育的一条重要原则；不同于普通的教育思想，他从唯物主义角度阐述了系统全面的劳动教育思想，把劳动教育提升到普遍规律的高度之上，强调人的解放需要开展劳动教育，从根本上明确教育应当"为人、对人、靠人"。劳动有助于人们获得生产生活经验和增强个人奋斗的主动性。

2. 劳动教育是实现立德树人的重要途径和有力保障

立德树人既是教育的根本任务，也是检验教育成效的根本标准。立德树人的目的在于培养"德、智、体、美、劳"全面发展的合格的社会主义事业建设者和可靠的接班人，劳动教育则是实现立德树人目标的一个重要过程和重要方面。首先，劳动教育丰富了道德教育的内涵，促使学生端正劳动态度并树立正确的劳动观念，能够培养学生对于劳动和劳动人民的思想感情，逐步养成热爱劳动、善于劳动及勤于劳动的素质。其次，劳动教育和道德教育紧密联系，加强劳动教育的过程也是加强道德教育的过程。因此，道德教育与劳动教育相结合也是道德教育的一种方法。我国历来注重劳动教育的重要作用和实际意义，将劳动视为形成良好道德品质的重要途径，"德之根在心，人之本在劳"，二者结合就是立德树人的根本。

3. 劳动教育的实际作用和现实需要

劳动与实践教育是劳动和教育的有效结合，一方面发挥了劳动的实践效用，通过利用和总结实践经验实现了理论和实践相结合、知行合一，人们得以在实践中学习、在学习中实践；另一方面发挥了教育的效用，增进了学生对于劳动生产知识和技术的认识与理解。提高了学生的劳动实践能力，以及分析和解决问题的水平。因此，劳动教育与德育、智育、体育、美育密不可分，有助于完善教育工作，培养"德、智、体、美、劳"全面发展的人才。只有加强劳动教育才能培养出一大批勤于劳动和善于劳动的人才，才符合新时代职业教育发展的根本要求，才能培养出高素质技术技能人才。

近年来，由于社会物质生活的丰富和传统的家庭教育方法有失偏颇，出现了不想劳动、不会劳动的现象，致使一些学生连力所能及的事情都不肯去做，过着"饭来张口、衣来伸手"的生活。劳动的独特育人价值在一定程度上被忽视，劳动教育被淡化、弱化。贯彻落实党的教育方针，把"劳"作为培养目标之一，是当前社会现实的需要，更是年轻一代实现中华民族伟大复兴中国梦的需要。

二、劳动的概念

1.劳动的概念：劳动是人类特有的，为满足自身物质和精神需要，有目的地调整和控制人与自然界之间的物质交换过程的一种改变自然物的社会实践活动。

狭义：指生产和生活中的体力劳动。

广义：除了生产和生活中的体力劳动，还包括脑力劳动。

知识链接：

劳动是人类社会生存和发展的基础，它主要是指人们在生产物质资料过程中的一种付出劳动力并能够对外输出劳动量或劳动价值的人类活动，是人类活动的一种特殊形式。在商品生产体系中，劳动是劳动力的支出和使用。劳动是人们在社会生活中维持自我生存和发展的唯一手段。劳动创造人类，劳动创造世界，劳动创造未来（图1-1-1）。

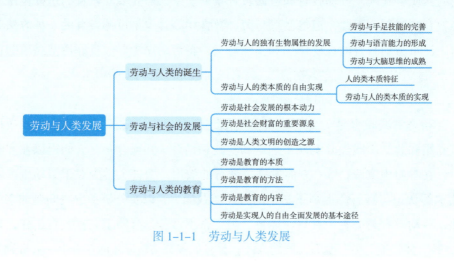

图 1-1-1　劳动与人类发展

2. 劳动作用：人类的一切活动（经济活动、政治活动与文化活动）在本质上都是价值的运动，都是各种不同形式的价值不断转化、不断循环、不断增值的过程。这种价值运动具体表现为：使用价值、劳动潜能、劳动价值与新使用价值的循环回路，所有复杂形式的价值运动最终都可以分解为若干个这样的循环回路，所有复杂的社会现象都是由若干个这样的循环回路有机地组合而成。

3. 劳动强度：单位时间内，提供满足社会目标客户质量、安全、数量标准的数量越多，表示劳动强度越大。

知识链接：

马克思认为："增进劳动的强度，意思就是说在同一时间内增加劳动的支出"，他还将劳动强度定义为劳动的内含量或劳动的密度，并认为："提高机器的速度，和扩大同一劳动者照管的机器的范围""提高劳动的紧张程度，更加细密地填满劳动时间的微孔""增进劳动的规律性、划一性、秩序性、继续性和能量"（《资本论（第一卷）》，2004年，人民出版社）等都可提高劳动强度。然而，劳动的内含量或劳动的密度是什么内涵呢？他并没有阐述清楚。劳动强度是一个容易进行主观感觉而不容易进行理性抽象的概念。过去，人们往往从两个方面来理解劳动强度：一是劳动者主观感觉的紧张性、疲劳性和痛苦性；二是劳动过程所完成的工作量密度。

统一价值论认为，劳动强度的提高，对于劳动对象来说，加大了劳动者作用于劳动对象的力度（对于脑力劳动者来说，就是加大了大脑对于第二信号系统的处理力度），表现为工作量密度在增大；对于劳动者来说，加大了内部生理、心理和精神的紧张性和痛苦性，表现为劳动者用于补偿劳动耗费所需要的生活资料在增加。由此可见，提高劳动强度实际上就是提高劳动密度，并维持附加劳动密度的相对不变。

4. 劳动熟练度：设劳动者完成某工作所需的劳动量为Q_l，该工作所需的社会平均劳动量为Q_{lo}，则把$R_l=(Q_{lo}-Q_l)/Q_{lo}$定义为劳动熟练度。

5. 劳动复杂度：复杂劳动的附加劳动密度Ml_h与简单劳动的附加劳动密度Ml_{bo}之比值称为劳动复杂度，用G来表示，即$G=Ml_h/Ml_{bo}$。

知识链接：

"劳动复杂度"到底是一个什么概念？这个问题一直困扰着价值理论界，许多学者对此作了大量的尝试性研究，但没有取得满意的结果。虽然，人们意识到复杂劳动所创造的劳动价值量相当于加倍的简单劳动，但并不清楚到底为什么会这样，也不知道复杂劳动应该以什么原则折算成加倍的简单劳动。马克思在《资本论》中提出：复杂劳动比简单劳动的劳动价值密度要大。但是，熟练劳动同样比非熟练劳动的劳动价值密度要大，高强度劳动同样比低强度劳动的劳动价值密度要大。然而，劳动复杂度、劳动熟练度和劳动强度这三个基本因素各自以何种独特的方式来影响劳动价值密度呢？

统一价值论认为，复杂劳动与简单劳动在其外部特征和内部反应上存在一系列的差异，这些差异存在如下的逻辑关系：引发复杂劳动的前提条件是提高劳动者的培养费用；由此产生的直接结果是提高劳动者的技能质量水平；从而使劳动者能够改造那些在组织功能上或逻辑结构上日趋复杂的劳动对象；劳动对象的复杂性必然引起劳动者内部反应的复杂性和劳动量支出的复杂性，从而产生了与简单劳动之间在劳动量上的倍比关系；这种倍比（价值）关系必然反映在它们所体现的交换关系之中，也必然反映在它们的劳动主体所体现的社会关系之中；这种交换关系或社会关系必然为人们所反映，并形成相应的观念与意识。由此可见，只有透过复杂劳动所表现出的外部特征，才能准确发现复杂劳动的本质内涵。

实践表明，提高劳动密度可通过三个基本途径来实现：①提高劳动强度；②提高劳动熟练度；③提高劳动复杂度。由于劳动熟练度的提高只是改变不同劳动者之间劳动密度的相对差异，并不改变整个社会在劳动密度上的平均水平。提高劳动密度只能通过两个途径来实现：一是提高附加劳动密度；二是维持附加劳动密度相对不变，提高劳动密度。显然，第二个途径实际上就是提高劳动强度，那么第一个途径无疑就是提高劳动复杂度。

三、劳动的分类方法

1. 劳动的分类

人们按照不同的标准、从不同的角度，可以将劳动分成不同的种类。按照传统的劳动分类理论，按劳动的形态划分，劳动可分为体力劳动和脑力劳动两大类；按知识技能的要求以及劳动过程所消耗的劳动者的体力、脑力程度划分，劳动可分为简单劳动和复杂劳动；根据劳动与商品的关系，劳动可分为具体劳动和抽象劳动。

（1）体力劳动与脑力劳动

体力劳动是指以使用或消耗体力为主的劳动；脑力劳动是指以使用或消耗脑力为主的劳动。

（2）简单劳动与复杂劳动

简单劳动表示的是在一定社会条件下，不必经过特别训练，每个正常的劳动者都能从事的劳动。复杂劳动则是指需要经过专门训练，具有一定技术专长的劳动者才能从事的劳动。形成商品价值量的劳动，是以简单劳动为尺度的。复杂劳动等于自乘或多倍的简单劳动，也就是说，少量的复杂劳动等于多倍的简单劳动。在相同的劳动时间里，复杂劳动创造的价值大于简单劳动的价值。

（3）具体劳动与抽象劳动

具体劳动是指在一定的具体形式下进行的劳动。具体劳动体现着人和自然的关系，是劳动的自然属性。抽象劳动是指抽去了具体形式的、人类一般的、没有差别的劳动。

当然，依据其他的分类标准，还可以将劳动分为必要劳动和剩余劳动、生产性劳动和劳务性劳动、物质生产劳动和精神生产劳动、私人劳动和社会劳动等。

2. 数字经济下的劳动形态

随着信息技术和数字媒体技术的飞速发展，资本运行的领域逐步扩展到互联网虚拟空间，数字化和网络化成为数字经济蓬勃发展的重要基础。数字信息时代的劳动形式也从传统的劳动形式升级到了数字化劳动形式（图1-1-2）。

图 1-1-2　数字劳动

数字劳动指的是将计算机、平板电脑、手机等移动终端作为劳动工具，以数据信息为劳动对象，通过有效运用信息技术，借助互联网平台所产生的一种劳动。他们既可以是被互联网企业或平台雇佣的数字劳动者，也可以是间接被互联网平台利用的数字劳动者。根据数字劳动是非物质劳动的观点，数字劳动的具体表现形式主要包括互联网产业的专业劳动、无偿数字劳动、受众劳动和玩劳动。

（1）互联网产业的专业劳动者，主要包括那些拥有熟练专业网络技术的劳动者。他们从事的是互联网网站设计、软件应用开发、编写互联网程序等工作，以及一些例如后台管理员、网站客服、网络编辑人员等非技术人员所从事的日常管理的工作。

（2）无偿数字劳动者，主要是指在平台上花费时间和精力产生了数据信息，这些数据信息是可以被平台再次加以运用赚取收入的，但自身却没有得到劳动报酬的一类劳动者。如在广告平台当中最主要的就是无偿数字劳动者提供的劳动力，他们通过各个社交媒体平台生产数据信息内容。主要在平台上进行一些即时通信、搜索引擎、社交应用、远程办公等活动，充分地体现了用户生产性与主体性的特点。

（3）受众劳动和玩劳动，主要是用户的在线消费，比如观看网络新闻、网上购物、外卖、支付、直播、玩游戏时所产生的媒介消费活动，产生的数据信息可以很好地体现出用户偏好、兴趣和情感态度，也是在满足用户自身需求的同时，为媒介公司生产了更多的资源和数据。

四、劳动的价值

1. 劳动的个人价值

①劳动是知识的源泉

陶铸曾说:"劳动是一切知识的源泉。"这是因为人们通过劳动能够获得宝贵的生活、生产知识,并能够学以致用,成为具有真才实学的人才。正所谓"实践出真知",人们要获得真正有用的知识,发展做实事的能力,就应该投入劳动实践中。我国的二十四节气就是先人们在劳动中不断总结出来的知识。

②劳动是培养个人社会能力的途径

在人类所有的活动中,劳动是最重要、最基本的活动形式,在劳动中形成的人际关系,如同事关系、同学关系等,是人生中非常重要的人际关系,也是人类基本的社会关系。大多数劳动往往需要以集体的形式进行,需要参与劳动过程的人合理分工、紧密合作。在这一过程中,人们通过合作和劳动成果的共享,建立起紧密的人际关系。

③劳动促进个人人格健全(图1-1-3)

图1-1-3 劳动的个人价值

④劳动使个体实现自我价值

劳动无处不在,是一种自我价值的体现。究其根本,劳动能够使个体实现自我价值,包括如下内容(图1-1-4)。

图1-1-4 劳动使个体实现自我价值

2. 劳动的社会价值

①劳动是人类社会存在和发展的基础

人类不只满足于物质财富,也需要精神食粮,这二者都需要通过劳动来满足,也只有通过劳动，人类才能生存和发展。

不生产粮食，我们不能获得可口的食物；不建造房屋，我们将没有房子居住。因此，我们没有理由不热爱劳动、不辛勤劳动。

②劳动创造社会物质财富

创造社会物质财富，必须具备两个条件（图1-1-5）：

图 1-1-5　创造社会物质财富的两个条件

③劳动改造和完善人类社会

回顾人类社会的发展史，从原始社会到奴隶社会、封建社会，再到现代文明社会，人类社会的物质文明和精神文明总是在不断发展、进步和完善的。

划分人类社会历史进程，主要以生产劳动的方式为依据。可见，正是人类的劳动不断改造和完善社会，推动社会发展。

五、劳动价值观

1. 马克思主义劳动价值观

马克思主义劳动观是马克思主义理论的重要构成部分，是创立唯物史观和剩余价值学说的基础。从人类自身的起源和发展看，劳动都具有决定性作用。

①劳动创造世界、劳动创造历史、劳动创造人本身

劳动创造世界：劳动是构成人类赖以生存的现实世界的关键要素之一。

劳动创造历史：人们只有通过劳动来揭示物质资料生产的作用，才能发现人类社会关系发展的客观规律，才能肯定人的主体地位，继而发现劳动人民在历史发展中的伟大作用。

劳动创造人本身：当人类通过劳动作用于自然并改变自然时，也就同时改变了人类本身。

②劳动是商品价值的唯一源泉

马克思认为：商品的价值是由劳动者创造的，要生产出商品，就必须在这个商

品上投入或耗费一定量的劳动。我们如果承认某种商品具有价值，那么也要承认这种商品中存在社会劳动。不管劳动的形态产生了什么变化，劳动是商品价值的唯一源泉仍然是毫无疑问的真理。

③劳动是实现人全面发展的重要途径

只有提高人全方位的劳动能力，才能使人适应这种变化。劳动作为人类实践活动最典型的表现，促进人劳动能力的充分发展就意味着劳动的内容和形式需要具备完整性、丰富性和可变动性，这样才能更好地实现人的自觉能动性、创造性和自主性的全面发展。

2. 中国特色社会主义劳动价值观

（1）中国特色社会主义劳动价值观回顾

①中华人民共和国成立以后，中国社会主义事业处于大力建设的阶段，1958年《中共中央、国务院关于教育工作的指示》指出"党的教育工作方针，是教育为无产阶级政治服务，教育与生产劳动相结合"，这无疑对中国社会主义事业的开创和建设起到了推动和促进作用。

②基于中国改革开放以来的社会主义建设新实践，1977年《尊重知识，尊重人才》讲话指出"一定要在党内造成一种空气：尊重知识，尊重人才"。1978年全国科学大会重申"科学技术就是生产力"，后多次讲话强调"科学技术是第一生产力"。科学技术是第一生产力、尊重知识和尊重人才的劳动思想，强调科学技术在社会发展中的重要作用。

③随着知识经济时代和信息化时代的到来，2002年十六大报告中提出"必须尊重劳动、尊重知识、尊重人才、尊重创造，这要作为党和国家的一项重大方针在全社会认真贯彻"。

④随着我国改革开放的深入以及经济的迅速发展，2006年第十届中国人民政治协商会议第四次会议提出"社会主义荣辱观"，"以辛勤劳动为荣，以好逸恶劳为耻"列入其中，引导人们树立劳动光荣的观念，大力提倡辛勤劳动是一种社会美德。

⑤随着逐步实现社会主义现代化和中华民族伟大复兴，劳动教育贯穿在人才培养过程中，2018年全国教育大会提出"要在学生中弘扬劳动精神，教育引导学生崇尚劳动、尊重劳动，懂得劳动最光荣、劳动最崇高、劳动最伟大、劳动最美丽的道理，长大后能够辛勤劳动、诚实劳动、创造性劳动"。2020年全国劳动模范和先进工作者表彰大会指出"在长期的实践中，我们培育形成了爱岗敬业、争创一流、艰苦奋斗、勇

于创新、淡泊名利、甘于奉献的劳模精神，崇尚劳动、热爱劳动、辛勤劳动、诚实劳动的劳动精神，执着专注、精益求精、一丝不苟、追求卓越的工匠精神。强调要大力弘扬劳模精神、劳动精神、工匠精神"。"劳模精神、劳动精神、工匠精神是以爱国主义为核心的民族精神和以改革创新为核心的时代精神的生动体现，是鼓舞全党全国各族人民风雨无阻、勇敢前进的强大精神动力"。

（2）新时代中国特色社会主义劳动价值观（图1-1-6）

全面贯彻党的教育方针，树立正确的劳动观念。正确理解劳动是人类发展和社会进步的根本力量，认识劳动创造人、创造价值、创造财富、创造美好生活的道理，尊重劳动，尊重普通劳动者，牢固树立劳动最光荣、劳动最崇高、劳动最伟大、劳动最美丽的思想观念。

图1-1-6　新时代中国特色社会主义劳动价值观

六、劳动相关法律法规

在市场经济中，劳动、资本和技术是市场的三大基本要素。因而，调整劳动关系的劳动法律也就成为市场经济中的重要法律制度。

具体而言，劳动法律制度是指调整劳动关系以及与劳动关系有密切联系的其他社会关系的法律制度。劳动关系是劳动法律制度调整的核心内容。所谓劳动关系，是劳动者与用人单位在实现劳动过程中发生的社会关系。此外，劳动法律制度也调整一些与劳动关系有密切联系的社会关系，这些关系是附随于劳动关系发生的。例如，劳动部门、就业服务机构在劳动力招收、职业指导、职业介绍、职业培训等方面发生的社会关系；工会组织在集体谈判、签订集体合同和维护职工权益方面发生的社会关系等。

中国的劳动立法，出现于20世纪初期。民国时期，北洋政府农商部于1923年3月29日公布了《暂行工厂通则》。在中国共产党领导下的革命根据地，1931年11月7日，中华苏维埃第一次全国代表大会通过了《中华苏维埃共和国劳动法》。中华人民共和国成立后，1950年6月，中央人民政府公布《中华人民共和国工会法》。20世纪90年代初期第三次起草《劳动法》，1994年7月5日经人大常委会审议通过。《中华人民共和国劳动法》（后简称《劳动法》）的颁布标志着中国劳动法制进入一个新的历史阶段。

《劳动法》的立法指导思想是：

①充分体现宪法原则，突出对劳动者权益的保护；

②有利于促进生产力的发展；

③规定统一的基本标准和规范；

④坚持从我国国情出发，尽量与国际惯例接轨。

这一指导思想保证了《劳动法》的制定工作具有中国社会主义特色。2007年6月29日第十届全国人民代表大会常务委员会第二十八次会议审议通过，并于2008年1月1日实施了《中华人民共和国劳动合同法》，被俗称为新"劳动法"。新"劳动法"对劳动合同制度做了进一步完善。

我国《宪法》规定"中华人民共和国公民有劳动的权利和义务"。"劳动是一切有劳动能力的公民的光荣职责"。

《劳动法》（图1-1-7）第三条第二款规定，劳动者应当：

①完成劳动任务；

②提高职业技能；

③执行劳动安全卫生规程；

④遵守劳动纪律；

⑤遵守职业道德。

劳动者的这些义务是法律所规定的，是受法律制约的。当劳动者没有履行这些义务时，必然会受到法律的制裁。

图1-1-7 《中华人民共和国宪法》和《中华人民共和国劳动法》

知识链接：

1. 养成热爱劳动的良好习惯

"21天效应"实质上是行为心理学的一个定律，指的是在行为心理学中，人们把一个人的新习惯或理念的形成并得以巩固至少需要21天的现象，称为"21天效应"。也就是说，一个好习惯的养成，或者说形成一种好的生活习惯需要21天。心理学家对习惯的大致形成阶段进行了以下划分：

· 第一阶段：1~7天，顺从阶段

此阶段表现为"刻意，不自然"，需要十分刻意地提醒自己。就是表面接纳新理念或开始新习惯，在外显行为上表现出尽量与新的要求一样，而在实质上未发生任何变化。此时，最易受到外部奖励或惩罚的影响，因为顺从可获得奖励，不顺从就会遭到惩罚。

· 第二阶段：7~21天，认同阶段

此阶段表现为"刻意，自然"，但还需要意识控制。认同是在心理中主动接纳新理念、新习惯的影响，比顺从更深入一层。因此，此时意识成分更加浓厚，不再是被动的、无奈的，而是主动地、有意识地加以变化，使自己尽可能接近新理念、新习惯。

· 第三阶段：21~90天，内化阶段

此阶段表现为"不经意，自然"，不需要意识控制。此时新理念、新习惯已完全融于自身之中，无任何不适之处，已彻底发挥新理念、新习惯的作用。

大量实验与实践的结果表明，这三个阶段对非特异的理念、习惯只需21天便可形成。

2. 相关名言

我们世界上最美好的东西，都是由劳动、由人的聪明的手创造出来的。——高尔基

只有人的劳动才是神圣的。——高尔基

我知道什么是劳动：劳动是世界上一切欢乐和一切美好事情的源泉。——高尔基

锄禾日当午，汗滴禾下土。谁知盘中餐，粒粒皆辛苦！——李绅

我觉得人生求乐的方法，最好莫过于尊重劳动。一切乐境，都可由劳动得来，一切苦境，都可由劳动解脱。——李大钊

劳动是一切知识的源泉。——陶铸

所有现存的好东西都是创造的果实。——米尔

在人的生活中最主要的是劳动训练。没有劳动就不可能有正常的人的生活。——卢梭

劳动是社会中每个人不可避免的义务。——卢梭

完善的新人应该是在劳动之中和为了劳动而培养起来的。——欧文

体力劳动是防止一切社会病毒的伟大的消毒剂。——马克思

劳动却是产生一切力量、一切道德和一切幸福的威力无比的源泉。——拉·乔乃尼奥里

劳动是财富之父，土地是财富之母。——威廉·配第

有总是从无开始的；是靠两只手和一个聪明的脑袋变出来的。——松苏内吉

要工作，要勤劳：劳作是最可靠的财富。——拉·封丹

课后作业

请根据本任务内容，结合实际认真思考以下问题，并以小组为单位进行讨论，可将讨论结果上传至网络教学平台。

1. 马克思所定义的劳动包括哪几层含义？
2. 劳动有哪些常见的分类？试举例说明。
3. 对大学生而言，劳动的主要目的有哪些？
4. 简要回顾中国特色社会主义劳动价值观。
5. 阅读下面的材料，回答相关问题。

1995年出生的邹彬，是个地道的农家子弟，初中没毕业就辍学在家。18岁时，父亲给他一把砌刀，让他在工地做一名泥瓦匠。从此，邹彬跟着父亲在建筑工地打工，每天和灰浆、担泥沙、挑砖头、砌砖墙……对于砌砖墙，邹彬从不偷懒，并且他特别喜欢钻研，他砌出的墙体砂浆饱满度、灰缝垂直度都几近完美，这种"匠人精神"让工友们都称赞他不是在砌砖墙，而是在搞艺术。邹彬就这样日复一日、年复一年地对自己严格要求，把每一面墙都砌得横平竖直、美观好看。2014年，在

中建五局工会组织的"超英杯"劳动技能竞赛中,邹彬凭借过硬的技术在众多劳动者中脱颖而出。同年7月,他代表中建集团参加第四十三届世界技能大赛中国选拔赛,以第一名的成绩进入国家集训队,最终赢得了第四十三届世界技能大赛唯一的中国参赛名额,并获得优胜奖,实现中国在砌筑组"零"的突破。载誉归来,邹彬被提拔为项目质量管理员。后来邹彬又摘得湖南省"十行状元、百优工匠"的桂冠,并在2018年1月当选为第十三届全国人大代表,2018年6月又当选为湖南省直工会兼职副主席,成为省直工会领导班子中最年轻的成员。2020年,邹彬又一次作为人大代表走进了人民大会堂,这已经是他第三次光荣获任全国人大代表。他说:"我希望把我的故事告诉更多人,只要肯努力,总能走出困境,一步步实现自己的梦想。"

(1)邹彬为何能在众多劳动者中脱颖而出?

(2)作为优秀的劳动者,邹彬有哪些闪光点?

(3)阅读了邹彬的故事,我们如何成为像他一样的优秀劳动者,并为中华民族的伟大复兴作贡献?

任务二 "从学生到公民"——劳模精神专题教育

任务学习目标	建议课时	授课形式
◆ 掌握劳模精神的内涵 ◆ 掌握劳模精神教育的意义 ◆ 掌握劳模的评选制度变迁	2学时	课堂讲授 扫描二维码1-2-1看微课视频 二维码1-2-1

➢ 任务二 课内任务实践:"传承劳模精神,让青春在奋斗中闪光"实践劳动记录(见实践活动工作页)

一、劳模精神的内涵

劳模精神是劳动精神的积极呈现。劳模精神继承并发展了中华民族传统优秀的劳动观念,树立并彰显了一种辛勤劳动、诚实劳动、创造性劳动的新理念,营造并弘扬了一种劳动光荣、技能宝贵、创造伟大的时代风尚,生成并传播了一种劳动者至上、劳动者平等、劳动者可敬、劳动最光荣、劳动最崇高、劳动最伟大、劳动最美丽的观念。劳动者通过自己的劳动，收获满足感、快乐感、尊严感，在创造丰富物质财富的同时，也拥有丰盈的精神世界。

劳模精神的内涵是"爱岗敬业、争创一流，艰苦奋斗、勇于创新，淡泊名利、甘于奉献"。其中，"爱岗敬业、争创一流"是劳模精神的本质特征，体现了劳模对国家、社会、职业的高度责任感、使命感和舍我其谁的主人翁精神。"艰苦奋斗、勇于创新"是劳模精神的品质，劳动模范是辛勤劳动、诚实劳动、创造性劳动的积极实践者，踏踏实实、奋发图强、勇于挑战、敢为人先，在实现中华民族伟大复兴的历史征程中埋头苦干、求真务实、创新创造。"淡泊名利、甘于奉献"则是劳模精神的价值追求，彰显了劳模先进心甘情愿、默默坚守、身心投入，不求声名和个人私利。

二、劳模精神教育的意义

1. 劳模精神是马克思主义劳动观的生动体现

马克思对具有社会历史属性的"劳动"进行了深入剖析，认为在人从自然界分化出来演化成自然人，再进而成为社会人的过程中，劳动发挥着决定性的作用。劳动解放人可以进一步理解为劳动解放人的社会关系，推动不合理的社会关系发生变革，从而使人获得社会关系的解放。社会主义制度下的劳动真正体现出劳动者的自主性，劳动不再是异化的、外在的、脱离了人的本性的东西，劳动者通过自己的劳动肯定自己，在劳动中感受幸福，在劳动中体现人与人的平等关系，这为劳模精神的产生与发展提供了重要土壤。

2. 劳模精神是我国优秀传统劳动文化的时代结晶

回顾灿烂的中华文明史，中国人民劳动精神的形成与劳动人民的生产和生活实践以及中华民族崇尚劳动的传统文化密不可分。在我国传统文化中，一向推崇对劳动实践的认同、对劳动精神的传承、对劳动文化的传播。中华儿女用辛勤的劳动创造了中国灿烂的历史文化，锻造了中国人朴实、勤奋的优秀品格。我国优秀的传统劳动文化，为劳模精神的形成注入了民族文化基因，让劳模精神成为创造民族辉煌的根本力量和推动民族继续向前发展的精神支柱。

3. 劳模精神是坚持和发展新时代中国特色社会主义的时代呼唤

劳模精神是在历史发展过程中不断演变、不断被凝练的崇高劳动精神，是通过以劳动模范为载体所表达出的关于时代发展、社会进步的先进精神内核。自诞生之日起，始终跟随着时代的脚步向前发展。

劳模精神是时代精神的生动体现，激励着每一位劳动者为创造美好生活而努力奋斗。伴随着社会进步与发展，劳模精神与标准也不断"进阶"，但是劳模精神的思想内核始终不变。爱岗敬业是本分，争创一流是追求，艰苦奋斗是作风，勇于创新是使命，淡泊名利是境界，甘于奉献是修为。做一个守本分、有追求、讲作风、担使命、有境界、有修为的人，是每一位劳模的精神风范，更是每一位劳动者应该追求的目标。

进入新发展阶段，随着我国经济从高速增长阶段转向高质量发展阶段，需要更多知识型、技能型、创新型劳动者，要依靠辛勤劳动、诚实劳动、创造性劳动。一代人有一代人的使命，一代人有一代人的担当。随着时代的发展，劳模还将被赋予更多的时代内涵，但无论是生产者还是创业者，无论是讲社会效益还是讲经济效益，劳模精神的内涵历久弥新。

三、劳模的评选制度变迁

劳模评选制度如何形成？

回顾历史，对优秀劳动者的表彰制度与党的事业同步发展。劳模评选制度创始于中华苏维埃共和国临时中央政府时期，成形于陕甘宁边区政府时期，普及于社会主义革命和建设时期，转型于改革开放时期，光荣绽放在新时代。

1. 1931~1949年 探索时期

（1）萌芽：首次使用"劳动模范"一词

在1933年的春耕生产运动中，瑞金武阳区，特别是该区石水乡发动了生产比赛，激发了群众积极性和革命热忱。1933年5月18日~22日，春耕生产运动代表大会（武阳劳模表彰大会）在瑞金武阳区苏维埃政府所在地——邹家祠召开。会上给苏区妇女劳动模范颁发的奖品中，竹笠上印有"劳动模范妇女"这几个大字。这应是中国首次使用"劳动模范"这一称谓来称呼在生产建设中成绩卓越的劳动者。"劳动模范"这一名词的出现，在中国劳模史上有着重要意义。

（2）雏形：评选奖励劳模办法制度化

1939年春，在中共中央和陕甘宁边区政府的领导下，延安大生产运动正式拉开序幕。陕甘宁边区政府于1939年4月1日发布政府令，公布《陕甘宁边区人民生产奖励条例》，这是中国共产党在建立地方人民政权后，以政府名义出台的奖励劳动模范的第一个条例，同时也首次规范了评选劳模的条件和办法。1943年11月26日，陕甘宁边区第一届劳动英雄与模范生产工作者代表大会正式召开。这次大会规模宏大，热闹非凡，围观群众达3万多人，出席此次大会的英雄共185人，是全边区500多位英雄模范们的代表。1944年12月22日~1945年1月14日，第二届劳动英雄与模范工作者代表大会召开，其表彰模式与运行机制，与第一届几乎一致。1946年以后，随着陕甘宁边区受到战争的威胁，这样的代表大会无法开展下去，但其他解放区的表彰则方兴未艾。

为开好第一届劳动英雄与模范生产工作者代表大会，陕甘宁边区政府以政府令形式于1943年10月5日颁发的《陕甘宁边区劳动英雄与模范生产工作者大会及其代表的选举办法》，专门针对劳动模范（劳动英雄和模范生产工作者）评选及大会召开提出了具体意见，大大加强了劳动模范评选表彰相关工作的制度化建设，这在我国劳模史上具有里程碑意义。

2. 1949~2020年　发展成熟时期

（1）发展：劳模表彰制度进一步规范化

新中国成立后，全国人民积极参加恢复经济建设的各项生产竞赛，各地各行业涌现出一大批劳动模范和模范工作者。1950年7月31日，中华全国总工会向各大行政区、省市地方工会与产业工会发出了《关于准备全国工农兵劳动模范代表会议的通知》。1950年9月25日，全国工农兵劳动模范代表会议在北京中南海怀仁堂开幕，出席大会的464位代表，被授予"全国劳动模范"光荣称号。1950年的全国工农兵劳动模范代表会议正式确定了"劳动模范"这个称谓，并且提出了"要把评选劳模形成固定的制度"这一要求；1956年的全国先进生产者代表会议，则是促进劳模表彰进一步制度化、规范化。这两次大会的召开，揭开了新中国劳模史的崭新一页。

（2）确立：劳模表彰制度初步定型

1978年12月召开的党的十一届三中全会，开启了改革开放的新征程，一度陷入停滞期的全国劳模奖励制度也开始逐渐恢复，1979年，党中央、国务院第一次提出关于"模范"和"先进"的理论判断。按有关规定，"劳动模范"称号授予的是企业职工、农民和社会主义事业建设者，"先进工作者"称号授予的是机关和事业单位的职工和管理者。1980年，中华全国总工会发布《劳动模范工作暂行条例（试行）》。1982年，我国将"奖励劳模和先进工作者"写入宪法。

1989年9月28日~10月2日，全国劳动模范和先进工作者表彰大会在北京人民大会堂举行。大会表彰了来自全国51个系统或行业的2790名全国劳动模范和先进工作者。这是改革开放以来召开的第一次全国劳动模范和先进工作者表彰大会。

（3）成熟：劳模表彰制度臻于完善

进入21世纪，知识、科技与创新，成为形容劳模的新关键词。不拘一格选劳模，对新兴社会群体予以关注，成为近年来劳模表彰的鲜明特色。2015年4月28日，全国劳动模范和先进工作者表彰大会在北京人民大会堂举行，2968名全国劳动模范和全国先进工作者接受表彰。这次大会，也是中国继1979年后时隔36年再次对"劳动模范"这一群体进行最高规格表彰。

1950年至2020年先后召开16次表彰大会，表彰全国劳动模范和先进工作者超30000人次。

知识链接：劳模奖项种类

第一种　全国劳模

"全国劳动模范""全国先进工作者"荣誉称号都由中共中央、国务院授予，表彰在社会主义建设事业中作出重大贡献者。全国劳模的评选表彰工作每五年一次。"全国劳动模范"授予企业职工、农民和其他社会主义建设者，"全国先进工作者"授予机关和事业单位职工。

第二种　全国五一劳动奖

"全国五一劳动奖"包括"全国五一劳动奖状"和"全国五一劳动奖章"。"全国五一劳动奖状"是中华全国总工会设立的授予先进集体的荣誉称号，授予在我国境内依法注册或登记的非跨地区的企业、事业单位、机关、社会组织及其他组织。被授予"全国五一劳动奖状"的，由全国总工会颁发奖牌和证书。"全国五一劳动奖章"是全国总工会为奖励在社会主义各项建设事业中作出突出贡献的职工而颁发的荣誉奖章。被授予"全国五一劳动奖章"的职工，由全国总工会颁发奖章、证书和奖金。

第三种　全国工人先锋号

"全国工人先锋号"授予企业、事业单位、机关、社会组织及其他组织所属的部门。被授予"全国工人先锋号"的,由全国总工会颁发奖牌和证书。

除召开全国劳模表彰大会的年份外,每年"五一"国际劳动节前夕,进行"全国五一劳动奖"和"全国工人先锋号"的表彰。

尽管不同奖项的表彰机构、授予对象、评选标准不尽相同,但共同彰显着国家对在社会主义建设事业中作出重大贡献的优秀劳动者的褒奖与激励,都是对劳动精神的礼赞,对劳动创造的讴歌。

任务三 "一屋不扫,何以扫天下"
——争当文明寝室主题劳动实践

任务学习目标	建议课时	授课形式
◆了解学院学生公寓卫生值日管理制度 ◆培养学生按照规章制度、评价标准管理个人内务,养成良好的日常生活习惯	14学时	实践 扫描二维码1-3-1看微课视频 二维码 1-3-1

➢ 任务三　课外任务实践:创建文明卫生宿舍(见实践活动工作页)

一、文明卫生宿舍创建(寝室管理条例)

制定寝室管理条例,是为了确保学生拥有一个优美、整洁、干净的生活环境,促使学生养成良好的卫生习惯,培养学生劳动观念,增强学生公德意识。

(一)总则

1)为维护良好的学习、生活秩序,促进行为习惯养成教育,深化优良班风、学风建设,让学生有充沛的精力,全心投入到学习中去,特制定本制度。

2)管理方针:严格考核、奖惩分明。

3)管理目标:标准化管理、细致化考评。

4)管理范围:在校住宿学生。

（二）公寓基本规定

1）凡在籍全日制学生，按规定必须住宿；特殊情况学生申请走读，必须签订《走读协议书》，并由学生家长签署意见，经学院主管团学工作领导批准。

2）学生须认真填写公寓住宿登记卡，并按指定的寝室和床位号住宿，不得擅自变更。

3）学生应服从公寓工作人员的管理，迁入迁出时，必须通过公寓管理中心办理手续。

4）学生要爱护公共财物和设施，寝室内家具均按标准配备，应妥善使用和保管，不经允许不准随意拆动，凡因人为原因损坏或丢失，由责任者按价赔偿。

要爱护公物。室内设备（包括门窗）实行使用到室，经管到人。自然损坏，及时报修；人为损坏，照价赔偿；有意损坏，除照价赔偿，并予以相应处分。因退学、毕业等退寝，实行逐人检查验收制，凭验收单办理离校手续。

5）学生在公寓内，必须自觉遵守各项规章制度，尊重公寓管理人员工作，服从管理人员管理。工作人员执行公务时，有权查看学生证件，学生必须配合，不得以任何方式阻挠。

6）学生应维护公共秩序，从我做起，遵守"七不"规范要求。

（1）不乱扔垃圾；

（2）不随地吐痰、倒水、随地小便；

（3）不损坏公物，在墙上乱写、乱画、乱贴；

（4）不违规用电、用火；

（5）不说粗话、脏话、大声喧哗；

（6）不吸烟、酗酒、赌博；

（7）不打架斗殴。

7）学生在宿舍内团结向上，举止文明，礼貌待人，服从管理，严格遵守作息制度，按时就寝，杜绝夜不归宿、擅自留宿外人。

（三）学生公寓卫生

1）每个寝室推选寝室长一名，带领全寝人员，做好寝室纪律和卫生管理工作。

2）各寝室要制定轮流值日表，值日生每天要认真打扫寝室卫生，并将垃圾按时放到指定地点。每周要进行一次大扫除。

3）寝室内要做到：床上被褥叠放整齐，床下物品摆放整齐；门窗玻璃干净，室内无蜘蛛网，窗台无尘土；地面干净无杂物；室内备品整洁，摆放有序；室内空气新鲜，无异味、无蚊蝇、无老鼠、无蟑螂；无乱拉、乱挂、乱贴、乱画等现象。

4）个人床铺要做到：床铺不准挂床帘；被褥、毛毯等床上用品要折叠成长方块，放在近窗的位置，折口对向门口；枕头放在被子上面；换洗衣物放在衣柜内。

5）室内备品要求：热水瓶放在窗台上；水桶、拖把、撮子等扫除工具放在门后地上；箱子等大件物品，放在桌下并摆放整齐。

定期或不定期对寝室卫生及管理进行抽查，从中查找问题，对优秀的寝室给予表扬，对较差寝室提出批评并限期整改。

（四）奖励与惩罚

1）在公寓检查、评比活动中符合标准化宿舍量化细则中的所有标准，在学生宿舍检查评分表中成绩优秀，表现突出的先进寝室和个人或在突发事件中处理得当作出贡献的个人，将给予表彰奖励。

2）在公寓检查、评比活动中不符合标准化宿舍量化细则中的较多标准，在学生宿舍检查评分表中成绩较差的寝室或者个人给予限期整改，如果限定期限时间期满后还未整改到位，将给予通报批评的处分，情节严重者视情况而定处分的等级。

二、文明寝室评选标准

学生宿舍是学生在校期间学习、生活、休息的重要场所，是对学生进行思想政治教育和文明养成教育的重要课堂。创建文明宿舍是引导学生培养自理能力，创造良好的生活环境，形成优良寝风、班风、校风的一个不可缺少的重要环节。结合实际，制定此评选标准。

（一）内务方面

1. 床铺

被子：被子叠成方块状，摆放在一条线上，枕头一律放在被子上面，被子的折叠口朝向寝室门方向且一律放在朝墙（内）的一端。

床面：床单平整（床单不能超出床铺边缘，床上不能摆放书籍、衣物等），床铺不得悬挂蚊帐等物品，保持床上无杂物。

2. 桌面书架

桌面是否无杂物：桌面上不乱放物品，保持桌面清洁无积尘，严禁乱涂乱画、乱刻乱写。

书架摆放是否整齐：书架上的书摆放整齐有序、规范有致，书架外不能挂布帘或用报纸遮住视线，书架上方空位不得摆放物品，无积尘，书架外不得粘贴挂钩。

3. 墙面

干净整洁情况：墙壁上不得有鞋印和蜘蛛网，不得在寝室长时间悬挂条幅，不得在墙面上乱写、乱贴、乱画，部分难以清除的顽固污垢可酌情处理。

4. 公共区域

门窗是否有积尘：门窗及玻璃要无灰尘、无泥迹、无损坏。

窗台是否堆积物品：保温瓶整齐放在窗台上，保温瓶的把手方向统一摆放，不得将脸盆等生活清洁用品随意放置窗台上。

物品摆放：牙刷、牙膏统一整齐地放在脸盆中，脸盆放在盆架上，需摆放整齐，扫把、拖把、垃圾桶等生活清洁用品统一放在墙角处，拖把需拧干放在墙角，行李箱整齐地放于床与墙面的空当处。

室内味道：自觉维护宿舍环境卫生，按时清扫垃圾，不随地吐痰，不乱倒杂物、垃圾、污水等，垃圾桶定期清理干净，桶内垃圾在检查时不得超过三分之一，室内无异味，严禁在寝室抽烟、饮酒、赌博、酗酒等行为，寝室通风状况良好。

（二）安全方面

1. 用电及违禁物品

插排使用是否规范：插排不得悬挂在床铺上，离开寝室后必须将插排断电。

是否有违禁物品：宿舍内外严禁使用大功率电器及酒精、汽油、煤油炉等危险物品，其中大功率电器主要包括：电褥子、电热棒、吹风机、电磁炉、电饭锅、电热锅等。不燃烧废纸，不燃放烟花爆竹等易燃易爆物品。

是否私接电源：不私自乱拉电线，线路整齐有序，不杂乱。

是否有管制刀具及其他杀伤性物品：宿舍内严禁私藏匕首、三棱刀、弹簧刀或其他管制刀具，严禁私藏各类仿真枪具等危险器具。

2. 纪律方面

是否配合查看寝室：服从寝室长和老师的管理，对老师在检查过程中提出的建议或批评，及时查找不足予以改正，同学之间应互相监督执行。

检查窗贴纸：严禁用各种纸张遮挡检查窗。

（三）其他条件

1. 尊敬师长，尊重他人，同学之间团结友爱、互相学习、互相帮助、和睦相处；
2. 讲究个人卫生，服饰整洁，勤俭节约，合理消费；

3. 坚持卫生值日制度，每天有值日，每周大扫除，保持宿舍内务整洁；

4. 学习刻苦，成绩优良，寝风好，能影响、带动周围寝室共同学习进步。

（四）评选结果

以标准化宿舍量化细则为评分依据，每周进行学生宿舍检查评分表的填写备案，对在每周检查过程中表现较差的寝室或者个人给予限期整改（检查标准见表1-3-1）。

学生公寓寝室卫生检查标准　　　　　　　　　　　　　　表1-3-1

项目	卫生要求	优秀寝室	良好寝室	中等寝室	较差寝室
个人床铺	1.被子、枕头：保持被套、枕巾、枕套清洁，按照军训标准叠放整齐划一；床面：保持床单清洁，床上不乱放乱挂衣物、书籍等物品，铺放平整；床周围不挡帘 2.书架：物品摆放有层次有次序，无污物，无灰尘，无乱摆乱放物品；桌面：桌面无乱刻、乱写、乱画现象，擦拭干净，物品摆放整齐有序，无污物，无水渍，无乱摆乱放物品；桌下：保持整洁，机箱架无污物，无灰尘，物品摆放整齐有序，鞋子每人限摆三双，排成直线 3.衣柜上或衣柜间不得拉绳悬挂衣物、粘贴挂钩等物品	全部达标	有一人未达标	有两人未达标	超过寝室人数一半以上人次未达标
地面	地面经过清扫和擦洗，达到干净，无泥迹、无痰迹、无脚印。暖气下、床铺之间、盆架下的地面无死角		有一处未达标	有两处未达标	有三处以上未达标
墙面	墙壁无尘土、无蜘蛛网，无涂写刻抹痕迹，无乱贴、乱挂、乱拉，无楔钉等现象				
门窗	门窗框及玻璃经过擦洗，清洁明亮，无张贴物，无灰尘				
其他方面	1. 寝室内不存有烟头、违规电器等危险物品 2. 不在宿舍内存放废品垃圾，不饲养宠物 3. 不私自更换门锁，检查时不无故锁门或拒不开门 4. 不顶撞、谩骂检查人员 5. 寝室无无故不起床者、不叠被者	有一处未达标，检查结果为差			

注：寝室检查结果以该寝室未达标最多处所对应的寝室等级为准。

三、寝室文化活动建设方案

寝室集体作为大学生基本群体组织相对于其他学生组织有着独特的功能和影响，寝室成员长期的共同生活影响着每个成员的生活方式、学习态度、行为规范、价值理念和理想理念，寝室文化建设成为大学生活中的一个重要环节。以下是结合实际列举出的寝室文化建设的活动方案，仅供参考。

（一）星级寝室评比

系部成立评选小组，每学期末按照寝室数量比例评选出五星、四星和三星寝室，各寝室以自愿报名的形式参与评比，评比以每周学生宿舍检查评分表为依据，不得在标准化宿舍量化细则中的情节严重项有扣分，依次以分数由高到低进行星级寝室的授予，并颁发每学期的"星级寝室"奖状，予以支持和鼓励。在校级优秀寝室及内务标兵的评比中进行优先推荐。

（二）寝室文化节

1. 寝室文化建设

评选星级寝室后，以经验交流、经验介绍的方式在各寝室间推广，让更多的同学自愿加入到星级寝室的评选中，鼓励同学们采用环保材料对宿舍进行装饰，突出各宿舍的特点，设计本宿舍舍名、舍歌、舍规、宿舍日志作为可选加分项目，并能说出设计时的理念及内涵。装饰过程中不允许损坏寝室现有设施（不得在墙、柜上乱钉、乱画、乱贴、灯管上乱挂等），必须保持卫生整洁，展示时需全寝室成员参与，累计分数后，评选出"最佳寝室"。

2. 寝室成员默契度

开展线下默契大比拼活动，丰富同学们的课余文化生活，以寝室为单位自愿报名，首先是对寝室成员基本信息的考查，学生会成员可就宿舍内任意成员的基本信息进行提问，由寝室全体成员进行回答。如：寝室长的家乡是哪儿？任意寝室成员的生日是哪天等类似问题；其次是对"寝室之最"的核查，两个寝室为一组，寝室成员各自在纸上对学生会成员提出的"寝室之最"问题进行回答，比拼答案的相似度。如：寝室成员中谁最爱睡觉？谁最爱干净？谁起床最早？谁最爱看书等类似问题；最后是你画我猜环节，只有一人知道学生会成员准备的图案或者成语，以画画或者肢体语言的形式描述给下一位室友，期间不得说话和文字提醒，其他人不得观看，最后一位同学猜出结果，凭借默契度进行打分，评选出"最有默契寝室"，颁发奖状予以鼓励。

通过这些活动，营造温馨舒适的寝室氛围，提高宿舍文化的品位，陶冶情操，丰富大学生课余文化生活，让学生们培养团队意识，提高综合素质和自我教育、自我管理的能力。

任务四 "扫雪除冰，便民利行"
——清雪主题劳动实践

任务学习目标	建议课时	授课形式
◆ 了解冬季清雪的组织形式和劳动方法 ◆ 通过清雪劳动，培养学生积极参与公益劳动的意识 ◆ 培养大学生社会责任感和诚信劳动意识	4学时	实践

➤任务四　课外任务实践：以班级为单位进行清雪劳动实践（见实践活动工作页）

为及时高效地清理校园内积雪，确保道路畅通和师生出行安全，维护校园交通、学校师生学习生活的正常秩序，避免路面积雪而发生的安全事故，清雪劳动具有很强的公益性，对培养大学生的社会责任感也有很重要的现实意义，特制定此方案。

一、清雪组织形式

1. 以班级为单位，进行责任划块、平均分配，及时高效地开展清雪工作。
2. 团总支学工办负责组织学生到学院总务处领取清雪工具，并做好工具发放和回收记录。

二、清雪注意事项

（一）清雪工作原则

做到降雪即扫、反应迅速、安全有序，坚持"全员参与、义务清理"的工作原则。

（二）清雪要求

1. 大雪及暴雪（积雪深度达5cm以上），雪后要求5日内清扫完毕责任区积雪。
2. 中小雪（积雪深度3~5cm），雪后要求3日内清扫完毕责任区积雪。
3. 班级划块责任区域内道路、球场、广场、停车场的清冰雪工作应达到"无积雪、无残冰、露出地面"的标准。
4. 班级划块责任区域内清除的积雪按照要求统一堆放到指定地点，行道树下绿地内堆放积雪应进行整形（图1-4-1）。

图 1-4-1　学生清雪实践劳动

5. 寒假期间如有积雪，开学后组织学生按班级划块责任区域进行积雪清理工作。

6. 要处理好系与系之间、班级与班级之间道路衔接处的清冰雪工作，十字路口的冰雪要清理干净，如产生班级划块责任区域处"漏清现象"视为两责任区域均不合格。

任务五　优秀毕业生职业劳动故事主题分享

任务学习目标	建议课时	授课形式
◆ 通过优秀毕业生事迹主题教育，树立职业精神，加强热爱劳动、崇尚劳动教育，树立正确的劳动思想观念	2学时	讲座

➢任务五　课内任务实践："优秀毕业生事迹主题教育"讲座心得（见实践活动工作页）

一、职业榜样的力量

古人有云："以人为镜，可以明得失。"文学家们也说过"播撒一种思想，收获一种行为，播撒一种行为，收获一种习惯，播撒一种习惯，收获一种性格，播撒一种性格，收获一种命运。"可见榜样的力量是无穷的，是巨大的。榜样好比人生的坐标，事业成功的向导，他带给我们的是无尽的锐气、朝气，是必胜的信念，是永无止境的力量源泉，向榜样学习，向榜样看齐，我们将无坚不摧，无往不胜。榜样是激励人们做事的一种楷模和规范，是很值得效法和学习的。良好的榜样能起到催人奋进的效果！榜样之所以能成为别人学习的对象就在于它给出了在某一方面、某一行业的行为准则，也就是告诉人们沿着他经历的道路脚踏实地干下去也能够成功。

不仅是劳动模范、大国工匠，各个大学各个专业的优秀毕业生，凭借他们拼搏进取、爱岗敬业的精神在职业岗位中取得过人成绩，也能成为学生心目中的职业榜样，激发学生树立职业理想，怀揣职业抱负，建立职业目标，树立职业精神。

二、职业精神的引领

职业精神是与人们的职业活动紧密联系，具有职业特征的精神与操守，是从事这种职业就该具有的精神、能力和自觉。

社会主义职业精神由多种要素构成，它们相互配合，形成严谨的职业精神模式。职业精神的实践内涵体现在敬业、勤业、创业、立业四个方面。

社会主义职业精神是由多种要素构成的。这些要素分别从特定方面反映着社会主义职业精神的特定本质和基础，同时又相互配合，形成严谨的职业精神模式。具备优秀职业精神的工作者拥有坚定的社会主义职业理想、正确的职业态度、踏实守信的职业责任、熟练的职业技能、高度自觉的职业纪律、合格的职业良心、过硬的职业信誉和精良的职业作风。

1. 职业理想。社会主义职业精神所提倡的职业理想，主张各行各业的从业者，放眼社会利益，努力做好本职工作，全心全意为人民服务、为社会主义服务。这种职业理想，是社会主义职业精神的灵魂。一般说来，从业者对职业的要求可以概括为三个方面：维持生活、完善自我和服务社会。这三个方面在社会主义初级阶段的职业选择中都是必须的。社会主义社会的公民在选择职业时应该把服务社会放在首位。因为，只有从社会的整体利益出发，分别从事社会所需要的各种职业，社会才能顺利地前进和发展。也只有在这个基础上，广大社会成员包括从业者自身，才能过上幸福的生活。

2. 职业态度。树立正确的职业态度是从业者做好本职工作的前提。职业态度具有经济学和伦理学的双重意义，它不仅揭示从业者在职业生活中的客观状况，参与社会生产的方式，同时也揭示他们的主观态度。其中，与职业有关的价值观念对职业态度有着特殊的影响。一个从业者积极性的高低和完成职业的好坏，在很大程度上取决于他的职业价值观念。职业伦理学研究表明，先进生产者的职业态度指标最高。因此，改善职业态度对于培育社会主义职业精神有着十分重要的意义。

3. 职业责任。这包括职业团体责任和从业者个体责任两个方面。例如，企业是拥有生产经营所必须的责、权、利的经济实体。在国家与企业的责、权、利关系中，责是主导方面。现代企业制度不仅正确划分了国家与企业的责、权、利，将三者有机地结合起来，而且也规定了企业与从业者的责、权、利，并使三者有机地结合起来。这里的关键在于，要促进从业者把客观的职业责任变成自觉履行的道德义务，这是社会主义职业精神的一个重要内容。

4. 职业技能。在社会主义现代化建设中，各工作岗位对职业技能的要求越来越高。不但需要科学技术专家，而且迫切需要千百万受过良好职业技术教育的中、初级技术人员，管理人员，技工和其他具有一定科学文化知识和技能的熟练从业者。没有这样一支劳动者大军、先进的科学技术和先进的设备就不能成为现实的社会生产力。我国经济建设的实践证明，各级科技人员之间以及科技人员和工人之间都应有恰当的比例，生产建设才能顺利进行。良好的职业技能具有深刻的职业精神价值。

5. 职业纪律。社会主义职业纪律是从业者在利益、信念、目标基本一致的基础上所形成的高度自觉的新型纪律。从业者理解了这个道理，就能够把职业纪律由外在的强制力转化为内在的约束力。从根本上说，社会主义职业纪律可以保障从业者的自由和人权，保障从业者发挥主动性和创造性。因此，职业纪律虽然有强制性的一面，但更有为从业者的内心信念所支持、自觉遵守的一面，而且是主要的一面，从而具有丰富的精神内涵。自觉的意志表示和服从职业的要求，这两种因素的统一构成了社会主义职业纪律的基础。这种职业纪律是社会主义法规性和道德性的统一。

6. 职业良心。这是从业者对职业责任的自觉意识，在人们的职业生活中有着巨大的作用，贯穿于职业行为过程的各个阶段，成为从业者重要的精神支柱。职业良心能依据履行责任的要求，对行为的动机进行自我检查，对行为活动进行自我监督。在职业行为之后，能够对行为的结果和影响作出评价。履行了职业责任，会得到内心的满足和欣慰；反之，则受到内心的谴责，表现出内疚和悔恨。

7. 职业信誉。它是职业责任和职业良心的价值尺度,包括对职业行为的社会价值所作出的客观评价和正确的认识。从主观方面看,职业信誉是职业良心中知耻心、自尊心、自爱心的表现。职业良心中的这些方面,能使一个人自觉地按照客观要求的尺度去履行义务,宁愿作出自我牺牲也不愿违背职业良心,做出可耻、毁誉和损害职业精神的事情。在这个意义上,职业信誉鲜明地体现着"全心全意为人民服务"的职业理想和主人翁的职业态度。从客观方面说,职业信誉是社会对职业集团和从业者的肯定性评价,是职业行为的价值体现或价值尺度。同时,职业信誉又要求从业者提高职业技能,遵守职业纪律。社会主义职业精神强调职业信誉,更重视把社会的客观评价转化为从业者的自我评价,促使从业者自觉发扬社会主义职业精神。

8. 职业作风。它是从业者在其职业实践中所表现的一贯态度。从总体上看,职业作风是职业精神在从业者职业生活中的习惯性表现。社会主义职业作风具有潜移默化的教育作用。它好比一个大熔炉,能把新的成员锻炼成坚强的从业者,使老的成员永远保持优良的职业品质。职业集体有了优良的职业作风,就可以互相教育,互为榜样,形成良好的职业风尚。

以职业榜样为动力,以职业精神为引领,通过诚实劳动实现职业理想,通过诚实劳动破解各种难题。对个人来说,只有珍视每一个工作机会,力求精益求精,才能不辜负光阴,收获属于自己和家庭的美好未来;对企业来说,只有人人热爱本职工作、兢兢业业,各个工作部门才能协调运转、形成一个有机联系的整体,产生整体效应;对国家来说,只有每个个体在各自社会坐标上扮演好角色、发挥好作用,才能汇聚起恢宏的力量,积蓄起国家进步的强大动力。

三、优秀毕业生榜样案例集锦

扫描二维码1-5-1阅读优秀毕业生榜样案例。

二维码1-5-1

任务六 "技能人才，出彩人生"
——专业技能拓展主题劳动实践

任务学习目标	建议课时	授课形式
◆ 通过"岗课赛证"的素质教育社团建设，提高大学生专业拓展技能，培养社会主义合格接班人和建设者，培养出具备德智体美劳全面发展的高素质的职业匠人	2学时/周	选修项

➤任务六　任务实践：参与报名素质教育工作室，开展特色专业社团活动（见实践活动工作页）

　　为全面推进大学生的素质养成教育，促进专业拓展技能的实践劳动训练，提高大学生的个人修养和综合素质。根据《中共中央、国务院关于深化教育改革全面推进素质教育的决定》（中发〔1999〕9号）、《共青团中央、教育部、全国学联关于实施"大学生素质拓展计划"的意见》（中青联发〔2002〕14号）和《中共中央、国务院关于进一步加强和改进大学生思想政治教育的意见》（中发〔2004〕16号）的文件要求，结合各院校实际，开展实施素质教育专业技能劳动与实践训练。

　　适应社会和经济的发展对人才的新要求，提高大学生综合素质，使其具备较强的社会适应能力、应变能力和创造能力；树立竞争意识、进取意识、创新意识、风险意识、效率观念、拼搏精神；拥有强健的身体和良好的心理素质，成为有理想、有道德、有社会责任感、有高尚的情操、有广博的科学文化知识的一代新人。在德、智、体、美、劳等实践劳动教育的基础上，我们将以《中国教育改革和发展纲要》和《中共中央、国务院关于深化教育改革全面推进素质教育的决定》（中发〔1999〕9号）为指导，着眼时代要求，着眼未来发展，全面贯彻党的教育方针，全面实施素质教育，促进学生素质全面发展。

　　通过素质教育专业拓展技能的劳动与实践训练，做一个具有高尚道德修养和深厚文化内涵的人，达到以下目标：

　　学会做人——要求学生求知先学做人，先成人后成才，以德为先，有正确的世界观、人生观、价值观、就业观，有高尚的品德和顾全大局的思想，有热爱劳动的意识和本领，自立、自强，成为经得起市场经济考验的人才；

　　学会求知——要求教师不仅教学生知识，更教学生求知的本领；要求学生不是被动地接受，更要主动地探求知识，培养主动学习的能力，在专业实践和技能锻炼中不断汲取新知识，不断学到服务社会的新本领；

学会健体——要求学生不仅自觉锻炼身体，有强健的体魄，更要有乐观、开朗、积极向上的心理素质和锐意进取、不怕挫折的坚强意志，有良好的社会适应性；

学会审美——要求学生善于辨别真、善、美与假、丑、恶，不但会审美，而且会塑造美的环境，运用美的语言，更要学会塑造美的心灵，逐渐养成对美的向往与追求，懂得用美的尺度去规范自我、塑造自我；

学会创新——通过各种途径，努力发现学生的创新心理，培养学生的创造性人格，在教育教学过程中，注重发展学生的个性、特长，逐步使他们养成热爱创造性劳动的良好习惯。

以下是美术素质教育专业拓展培训明细表、培训计划表（表1-6-1、表1-6-2）。

美术素质教育培训明细表　　　　表1-6-1

素质教育工作室名称	培养目标	实践项目	指导教师简介	成果及赛事项目展示
画中有话美术素质教育工作室	知识目标：掌握水彩、水粉的颜料用色方法，掌握绘画的技巧方法 技能目标：通过绘画写生与创作实践，提升和拓展学生的专业造型能力，使学生具有一定的创造力，增强专业设计的艺术表现力 素质目标：培养学生的审美能力和艺术素养，提高思想、文化素质	1. 静物表现 2. 风景表现 3. 命题创作 4. 自由创作	姜铁山，男，现任黑龙江建筑职业技术学院建筑系副教授、中国美术家协会会员、黑龙江省美术家协会油画艺委会委员。主讲绘画、建筑速写等课程，绘画作品多次获奖并入选全国美展	

美术素质教育培训计划表　　　　　表1-6-2

画中有话美术社团（工作室）
_____学年度活动计划

月份	周数	活动名称	活动内容	活动地点	主要负责人	参与者	备注
九月份	第1周	工作室成员纳新	1.工作室新成员招纳报名、选择画种 2."素质教育工作室"开班典礼	建筑系	姜铁山	工作室全体成员及指导教师	学生根据个人兴趣选择要学习的画种
	第2周	静物写生表现	1.指导教师讲解不同画种的表现方法 2.不同画种作品赏析 3.指导教师示范不同画种的作画技法 4.学生进行静物写生实践，教师进行指导	画中有话社团工作室	姜铁山	工作室全体成员及指导教师	
	第3周	静物写生表现	1.指导教师对学生作品进行讲评 2.学生在教师指导下进行静物写生训练	画中有话社团工作室	姜铁山	工作室全体成员及指导教师	
	第4周	静物写生表现	1.指导教师对学生作品进行讲评 2.学生在教师指导下进行静物写生训练	画中有话社团工作室	姜铁山	工作室全体成员及指导教师	
十月份	第1周	静物写生表现	1.指导教师对学生作品进行讲评 2.学生在教师指导下进行静物写生训练 3.指导教师总结静物写生训练成果，学生在教师指导下进行创作实践	画中有话社团工作室	姜铁山	工作室全体成员及指导教师	
	第2周	风景表现	1.由指导教师确定训练内容与题材 2.指导教师讲解不同画种风景表现的方法 3.学生进行风景绘画训练	社团工作室	姜铁山	社团成员及指导教师	
	第3周	风景表现	1.指导教师对学生作品进行讲评 2.学生进行风景表现训练	社团工作室	姜铁山	社团成员及指导教师	

续表

月份	周数	活动名称	活动内容	活动地点	主要负责人	参与者	备注
十月份	第4周	风景表现	1.指导教师对学生作品进行讲评 2.学生进行风景表现训练	社团工作室	姜铁山	社团成员及指导教师	
十一月份	第1周	风景表现	1.指导教师对学生作品进行讲评 2.学生进行风景表现训练 3.指导教师总结学生风景表现成果	画中有话社团工作室	姜铁山	工作室全体成员及指导教师	
	第2周	风景写生	1.教师授课讲解风景写生的方法 2.由指导教师选定风景写生景点或图片 3.学生进行风景写生训练	市内或校园内	姜铁山	社团成员及指导教师	
	第3周	风景写生	学生在教师指导下进行风景写生训练	市内或校园内	姜铁山	社团成员及指导教师	
	第4周	风景写生	学生在教师指导下进行风景写生训练	市内或校园内	姜铁山	社团成员及指导教师	
十二月份	第1周	风景写生	学生在教师指导下进行风景写生训练	市内或校园内	姜铁山	社团成员及指导教师	
	第2周	社团成果展示	1.组织学生装裱作品 2.将本学期活动成果在校园内进行汇报展览	校园内展馆	姜铁山	社团成员及指导教师	
寒假	共计8周	寒假作业	每位成员完成风景写生4张	校外	社团成员及指导教师	社团成员及指导教师	线上指导
三月份	第1周	静物长期作业表现	1.指导教师讲解静物长期作业的表现方法 2.不同画种作品赏析 3.学生进行静物长期作业实践，教师进行指导	画中有话社团工作室	姜铁山	工作室全体成员及指导教师	
	第2周	静物长期作业表现	1.教师对学生作品进行讲评 2.学生在教师指导下进行绘画训练	画中有话社团工作室	姜铁山	工作室全体成员及指导教师	
	第3周	静物长期作业表现	1.教师对学生作品进行讲评 2.学生在教师指导下进行绘画训练 3.指导教师总结静物长期作业训练成果	画中有话社团工作室	姜铁山	工作室全体成员及指导教师	

续表

月份	周数	活动名称	活动内容	活动地点	主要负责人	参与者	备注
三月份	第4周	风景长期作业表现	1.由指导教师确定训练内容与题材 2.指导教师讲解不同画种风景长期作业表现的方法 3.学生进行风景绘画训练	社团工作室	姜铁山	社团成员及指导教师	
四月份	第1周	风景长期作业表现	1.指导教师对学生作品进行讲评 2.学生进行风景表现训练	社团工作室	姜铁山	社团成员及指导教师	
	第2周	风景长期作业表现	1.指导教师对学生作品进行讲评 2.学生进行风景表现训练	社团工作室	姜铁山	社团成员及指导教师	
	第3周	风景长期作业表现	1.指导教师对学生作品进行讲评 2.学生进行风景表现训练 3.指导教师总结学生风景长期作业表现成果	画中有话社团工作室	姜铁山	工作室全体成员及指导教师	
	第4周	命题创作	1.教师讲解创作的方法、过程以及创作的思想性 2.绘画创作优秀作品赏析 3.学生根据命题进行构思,收集整理创作资料	画中有话社团工作室	姜铁山	工作室全体成员及指导教师	
五月份	第1周	命题创作	1.学生汇报创作草图,教师给予修改方案,并定稿 2.学生进行创作实践	画中有话社团工作室	姜铁山	工作室全体成员及指导教师	
	第2周	命题创作	学生在教师指导下进行创作实践	画中有话社团工作室	姜铁山	工作室全体成员及指导教师	
	第3周	命题创作	学生在教师指导下进行创作实践	画中有话社团工作室	姜铁山	工作室全体成员及指导教师	
	第4周	命题创作	学生在教师指导下进行创作实践	画中有话社团工作室	姜铁山	工作室全体成员及指导教师	
六月份	第1周	自由创作	学生进行创作构思,收集整理创作资料	画中有话社团工作室	姜铁山	工作室全体成员及指导教师	
	第2周	自由创作	1.学生汇报创作草图、思想及基本方案,教师给予指导和修改意见,并定稿 2.学生进行创作实践	画中有话社团工作室	姜铁山	工作室全体成员及指导教师	

续表

月份	周数	活动名称	活动内容	活动地点	主要负责人	参与者	备注
六月份	第3周	自由创作	学生在教师指导下进行创作实践	画中有话社团工作室	姜铁山	工作室全体成员及指导教师	
	第4周	自由创作	学生在教师指导下进行创作实践	画中有话社团工作室	姜铁山	工作室全体成员及指导教师	
七月份	第1周	自由创作	学生完成自由创作，进行创作汇报	画中有话社团工作室	姜铁山	工作室全体成员及指导教师	
	第2周	社团成果展示	1.组织学生装裱作品，选择时间、地点 2.将本学期活动成果在校园内进行汇报展览	校园内展馆	姜铁山	社团成员及指导教师	
暑假	共计4周	暑假作业	每位成员完成风景写生4张	校外	社团成员及指导教师	社团成员及指导教师	线上指导

任务七 "劳动美，美在哪里" ——"五一"国际劳动节主题教育

任务学习目标	建议课时	授课形式
◆ 了解"五一"国际劳动节的由来、意义 ◆ 弘扬劳模精神，致敬"五一劳动奖章"获得者 ◆ 通过参与"五一"国际劳动节主题活动，提升劳动最光荣的品格精神	2学时	讲座

➤任务七　课内任务实践："弘扬劳模精神　致敬'五一劳动奖章'获得者"专题讲座（见实践活动工作页）

一、"五一"国际劳动节的由来

1884年10月，美国和加拿大的八个国际性和全国性工人团体，在美国芝加哥举行一个集会，决定于1886年5月1日举行总罢工，迫使资本家实施八小时工作制。这一天终于来到了。1886年5月1日，美国2万多个企业的35万名工人停工上

街，举行了声势浩大的示威游行，各种肤色、各个工种的工人同时进行总罢工。仅芝加哥一个城市，就有4.5万名工人涌上街头。美国的主要工业部门处于瘫痪状态，火车变成了"僵蛇"，商店更是鸦雀无声，所有的仓库也都关门并贴上封条。当时在罢工工人中流行着一首"八小时之歌"，歌中唱道："我们要把世界变个样，我们厌倦了白白的辛劳，光得到仅能糊口的工饷，从没有时间让我们去思考。我们要闻闻花香，我们要晒晒太阳，我们相信：上帝只允许八小时工作日。我们从船坞、车间和工厂，召集了我们的队伍，争取八小时工作，八小时休息，八小时归自己！"

为纪念这次伟大的工人运动，1889年7月，在恩格斯组织召开的第二国际成立大会上宣布将每年的五月一日定为国际劳动节，简称"五一"。

从此，"五一"国际劳动节逐渐成为全世界劳动人民共同拥有的节日。

二、"五一"国际劳动节的意义

1. "五一"国际劳动节的意义在于劳动者通过斗争，用顽强、英勇不屈的奋斗精神，争取到了自己的合法权益，是人类文明民主的历史性进步，这才是"五一"国际劳动节的精髓所在。所以，人们才这么注重劳动节。

2. 劳动创造了财富，劳动创造了文明，劳动者是一切文明和财富的创造者，劳动分脑力劳动与体力劳动，脑力劳动者总结了体力劳动者的经验，体力劳动者实现了脑力劳动者的设想。"五一"国际劳动节，应该让人民认识到这一点。

3. 如今，脑力劳动者应该为体力劳动者服务，体力劳动者创造的财富应与大家共享。劳动的光荣在于科学地认识到，人类文明的发展根本是脑力劳动与体力劳动的结合。

三、全国五一劳动奖章简介

全国五一劳动奖章是全国总工会为奖励在社会主义各项建设事业中作出突出贡献的职工而颁发的荣誉奖章（图1-7-1）。颁发范围包括工业交通、基本建设、农林水利、财贸金融、文化、教育、新闻、出版、政法、卫生、科研、体育、机关团体等各行各业的职工。一般由省、自治区、直辖市总工会和全国产业工会申报，经全国总工会审定批准。本奖章主要集中在"五一"国际劳动节期间颁发，

图 1-7-1　全国五一劳动奖章

平时也有少量颁发。

全国五一劳动奖章候选人的推选，要坚持原则，严格把关，推荐的企事业单位和企事业负责人，要经过工商、税务、纪检、审计、安全等部门的审查。各地和各产业工会推荐上报的个人和集体，都在当地新闻媒体进行了公示，接受社会监督。

四、弘扬劳模精神

扫描二维码1-7-1阅读案例。

二维码 1-7-1

项目二
尊重劳动　辛勤劳动

任务一　"做一名新时代高素质劳动者"
——劳动精神专题教育

任务学习目标	建议课时	授课形式
◆ 了解诚实劳动内涵 ◆ 了解辛勤劳动内涵 ◆ 了解创造性劳动内涵 ◆ 掌握新时代劳动精神的实践意义	2学时	课堂讲授 扫描二维码2-1-1看微课视频 二维码2-1-1

➢任务一　课内任务实践：以班级为单位进行"短剧·袁隆平"（见实践活动工作页）

一、劳动精神的内涵

劳动精神指劳动者在劳动中展现的精神状态、精神面貌、精神品质，也是人类在精神层面对劳动这一行为的高度凝练；能够培养和发展人的道德品格，提高人的精神境界；也激励着人们不断参与实践活动，使人们能动地创造和改变世界。劳动精神的内涵是崇尚劳动、热爱劳动、诚实劳动、辛勤劳动、创造性劳动。

现代社会与劳动精神：包含诚实劳动、辛勤劳动和创造性劳动。

（一）诚实劳动的概念

所谓诚实劳动是指：人世间的美好梦想，只有通过诚实劳动才能实现；发展中的各种难题，只有通过诚实劳动才能破解；生命里的一切辉煌，只有通过诚实劳动才能铸就。诚实的劳动是人类自身体验的工具，它有可能将我们救出贫穷的沮丧和技术统治的矛盾。

1. 诚信是当代社会的价值基础

（1）当代社会是分工社会

社会学家埃米尔·涂尔干将当今社会的这种特征称之为"有机团结"，即社会成员在活动层面的分工合作（互补性）和意识层面的共生性，因为分工使交换成为必然，交换使行动者在功能上互补，在意象上共生[1]。分工不仅成了社会团结的主要源泉，同时也成为道德秩序的基础[2]。具体来看，分工使得每个人都将自己社会生活的一个部分（甚至是绝大多数）交付给他人，个人利益只有通过一种与他人合作的社会性方式才能得到满足[3]。

分工社会直接催生了交换风险。在传统的农耕社会，一个人可以自己种地，自己织布，自己盖屋，自己驾车，概言之，他的衣食住行等基本生活需要可以凭借自身劳动得到满足。但时过境迁，当代人若想实现这些基本生活需要，就必须依赖其他人的劳动，比如，一位农民尽管可以依靠耕种收获日常所需食物，但他的衣服是从商店购买的，自行车、拖拉机也是在车行购置的。不仅如此，他所购买的衣服可能并非这家商店生产的，而是由服装厂流水线上的多名不同岗位的工人共同制造，又由各个运输环节的人员通力合作，才最终送至商店。也就是说，今天，我们把自己的日常生活需要转换成无数具体商品，而这些商品背后又凝结了许许多多人的劳动。分工社会中，不诚实劳动可能不会马上获得惩罚，但如果不诚实劳动成为一种社会风气，身处社会中的个体就会马上尝到苦果。正如"易毒相食"的例子，每个不诚信的个体都以"他人诚信"为假设参与社会生活，他们想从自己不诚信行为中获取利益，却不料别人也持有同样想法，大家能够拒绝使用自己生产的有毒商品，却无法抵挡无数个陌生他者生产的有毒商品（图2-1-1）。

图 2-1-1　从传统社会到现代社会，社会分工不断细化

---

[1] 高丙中. 社团合作与中国公民社会的有机团结[J]. 中国社会科学，2006（3）：110-123+206-207.
[2] 埃米尔·涂尔干. 社会分工论[M]. 渠东，译. 北京：生活·读书·新知三联书店，2000：359.
[3] 张凤阳. 契约伦理与诚信缺失[J]. 南京大学学报（哲学·人文科学·社会科学版），2002（6）：33-39.

(2)当代社会具有"陌生人社会"的特征

中国传统农耕社会是一个"熟人社会",正如费孝通在《乡土中国·生育制度》中所言:"做工业的人可以择地而居,迁移无碍;而种地的人却搬不动地"。因此,传统中国社会中,人们世代定居在某地,很少大规模迁移。长期居住在一地,人与人之间的信任往往是建立在"知根知底"的基础上。因为了解,所以信任。但现代社会是一个陌生人社会。陌生人社会是一个"匿名化"的社会,人与人之间的许多交往并不是建立在彼此熟悉的基础上。比如,衣食住行各个环节中,给人们提供服务的人未必会提供自己的真实姓名。

陌生人社会将降低失信成本,提高交换风险。熟人社会中的失信成本较高,熟人之间的闲言碎语使得不诚信之人无处容身。但陌生人社会中,大多数人处于"匿名"状态,失信于人的成本就大大降低了。

(3)当代社会的个人诚信也需要制度支持

陌生人社会中,由于失去了舆论的监督,通过失信行为获取眼前利益的诱惑增大,人们将自己的生活交托给他人的风险也必将随之增加。陌生人社会中的交换行为,较难唤起个体内在的道德自觉,也逐渐失去舆论监督的保障,因此,建立健全个人信用制度已是势在必行。不诚实的劳动不仅可能遭到法律法规的严厉制裁,而且会被记录在个人征信系统中,成为个体进入劳动世界的"身份符号"。

2. 诚信是现代经济规律

(1)现代经济本质上是一种契约经济

现代社会中的经济活动都以对特定规则的遵守为前提进行。其中合同是经济活动最为常见的契约方式。正是因为诚信的存在,合同的存在才成为可能。此外,诚信也是有效降低现代经济交易成本的重要保证。在一个缺乏诚信的经济社会,人与人之间经济活动必将因为彼此之间的不信任而增加诸多额外的工作和思想负担。恩格斯即认为,诚信首先是现代经济规律,其次才表现为伦理性质[①]。

(2)诚信是最经济、最有利的劳动方式

随着市场竞争机制不断健全,诚实与否对于劳动者而言,变成了一项"眼前利益"与"长远利益"的选择题。经营者如果不诚信,就可能失去信誉,从而流失大量消费者,最终导致经营失败。经营者如果选择诚信,即使当下利益受损,也最终会赢得守信的奖励。从这个意义上来看,诚信是最经济、最有利的劳动方式。

---

① 宫敬才.诚信的经济规律性质——学习恩格斯的一个重要论述[J].求是,2002(15):35-37.

（3）成熟的竞争机制奖赏诚信

如果不诚信的交易成本小于诚信的交易成本，而又有机可乘的时候，劳动者就有可能选择失信。除了法律和道德两种途径之外，健全竞争机制本身也至关重要。一个成熟的竞争机制是奖赏诚信的，参与竞争者发现，赢得比赛的唯一方式就是诚实守信，而非投机取巧。

3. 诚信是个体对自身劳动过程的敬重

（1）劳动过程是物质过程与精神过程的统一

劳动过程是一个有形的物质活动过程和无形的精神或观念过程的统一，无形产生于有形，有形需要无形指引[①]。诚信作为一种发挥指引作用的劳动精神，不仅发生在个体与他人交往的过程中，也存在于个体与自我的交往过程中。诚信不仅是"不欺人"，而且是"不自欺"。

（2）诚信令人心安

《中庸》第二十二章中写道："唯天下至诚，为能尽其性；则能尽人之性；能尽人之性，则能尽物之性；能尽物之性，则可以赞天地之化育，则可以与天地参矣"。《二程集》中的表述则更为直接："诚者，天之道；敬者，人事之本。敬则诚"。人是改造客观世界的主体，每个人都是通过自己的所作所为来改造客观世界的，而有规律性的、恒长的所作所为就是工作。工作是客体，也是人们改造世界的方式。如果一个人对工作有敬畏之心的话，就不会对自己的工作懈怠、应付，甚至有亵渎之心[②]。我们对诚信的需要，不仅是客观世界对它的需要，更是主观世界对它的需要——改造客观世界的我们，需要诚信来涵养自我。许多人选择诚信，并不是因为外在监督，也不（全）是因为利益驱动，而是因为诚信令他心安。"不诚"并不一定是欺骗他人，即使没有欺骗他人，也可能欺骗自己——事实上，在许多工作中，是否尽了自己的最大努力，只有本人最清楚。如果没有全力以赴，便是自己主动放弃了"诚"之乐。

（3）求精是工匠精神的体现

"求精"的工作态度是工匠精神的重要表现[③]，亦是中国传统文化中的宝贵精神遗产。在中国的历史长河中，许多国家宝藏都是匠心雕琢而出。比如，马王堆出土的汉代素纱襌衣丝缕极细，用料2.6m^2，而重仅49g，"薄如蝉翼""轻若烟雾"，是世界

---

① 尉迟光斌，张政文.论马克思劳动观及其对培育"敬业"核心价值观的启示[J].理论月刊，2016（5）：11-17.
② 李丽丽.论社会主义核心价值观之敬业[J].中国特色社会主义研究，2015（5）：78-83.
③ 肖群忠，刘永春.工匠精神及其当代价值[J].湖南社会科学，2015（6）：6-10.

上最轻的素纱蝉衣。如果没有工匠们对于自身劳动的尊重和热爱，就不会制造出让人叹服的传世之作。

（二）辛勤劳动的概念

所谓辛勤劳作是指人们辛辛苦苦夜以继日地工作，从不叫累，兢兢业业地不知疲倦地劳动。

1. 勤劳是维护分配正义的个体努力

（1）按劳分配对实现社会正义具有重要意义

按劳分配制度对实现社会正义具有非常重要的意义。这一制度从根本上肯定了劳动的社会价值，是制度设计对劳动者的尊重和认可。

通过"无条件福利"的思维实验，我们发现，某些个体的"不劳而获"会让其他辛勤工作的人感受到不公平。卢梭在《爱弥儿》中也指出："当一部分人闲着不劳动，就需要其他劳动的人协力合作才能弥补那些人好吃懒做的消耗"。谁会心甘情愿地以自己的劳动来供养"好吃懒做"者呢？我们可以引入政治哲学中的程序正义理念。所谓程序正义，即一个真正公正的制度设计会让"无知之幕"中的个体认为自己无论处于何种身份，都可以接受这一安排。"无知之幕"中的个体一般不会接受"好吃懒做"者与"辛苦工作"者获得等量的社会资源，因为这样对后者是极不公平的。按劳分配制度之所以能够维护社会正义，因为这一制度保障了勤劳的人能够得到与其劳动付出相匹配的报酬。制度的确在劳动者权益保障中扮演了至关重要的角色，制度要最大限度地规避"不劳而获"现象的发生，才能够真正激励辛勤劳动者。

（2）分配正义需要个体和制度的共同努力

从个体角度来看，如果一个人在组织中总是"混日子""搭顺风车"，从而实现了"少劳多得"，其他勤劳工作的人就会降低劳动热情。如果"磨洋工"的人数占比太大，就会形成一种不公正的组织文化，使得辛勤工作者动摇自身信念。

制度是维护分配正义的一个维度，个体则是实现分配正义的另外一个不可小觑的维度。"大锅饭"制度和"懒伙伴"共同影响着一个勤劳者的工作态度。不做"懒伙伴"并不只是为了组织的工作效率作贡献，对于个体来说，自己的懒惰行为会加重同伴的懒惰心理，造成不正之风大行其道，最终为自己带来更加消极的影响——事实上，在不正义的分配制度中，没有谁会真正获益。

2. 勤劳是具有自足意义的工作伦理

（1）消费主义潮流正在挑战"勤劳"的价值

目前，人们生活在一个消费主义盛行的社会之中。"普通大众不仅被生存所迫的劳动之需所控制，而且还被交换符号差异的需要所控制。个体从他者的角度获得自己的身份，其首要来源并不是他们的工作类型，而是他们所展示和消费的符号和意义"①。在这样的社会中，生产和消费的关系发生了新的变化。许多人参加劳动的目的变成了消费，他们通过消费在社会生活中找到自己的位置——消费物品暗示着社会身份的符号价值。他们不得不甚至是心甘情愿地被打上"房奴""车奴""卡奴"的标签，就是为了完成自我身份的确证。

"先苦后甜"似乎在当代生活中又有了新的意义——先吃工作的苦，后享消费的甜。然而，劳动与享乐之间究竟是什么关系？劳动不应与享乐割裂开来，一方面，当我们提倡劳动的时候，不是反对享乐。享乐是人的自然属性，也是人类生活的重要构成②。不仅不反对，而且是希望"劳动成为享受生命最好的方式"③。马克思曾有言，"生命如果不是活动，又是什么呢"④。在马克思看来，是劳动异化，而非劳动为个体带来了消极体验。如果消除了劳动的异化性质，使劳动成为一种自由自觉的活动，成为人的内在需要的一种满足，它就会成为一种享受。

（2）个体应将工作视为实现人生价值的途径

"奋斗本身就是一种幸福"。如果个体不将工作视为获取消费资本的手段，而是将其当作实现个人价值和人生意义的途径，那么，人们就更容易从劳动中体会到幸福。劳动者所警惕的不是享乐，而是享乐主义。当个体沉湎于享乐，就会失去生活目标。事实上，人们在消费的狂欢中获得的不是真正的幸福，而是短暂的快乐。这种快乐具有转瞬即逝、边际递减等特性，某种意义上而言，这正是这些特性再度诱使人们不断消费以补充它。而幸福具有自足性，换言之，幸福本身就是目的。诚如亚里士多德所言："只是那种永远因自身而被选择，而绝不为他物的目的，才是绝对最后的。看起来，只有幸福才有资格做绝对最后的，我们永远只是为了它本身而选取它，而绝不是因为其他别的什么"。这种幸福是消费无法给予的，而劳动则是抵至幸福的主要路径。

正是因为人们在劳动中能够遥望享乐，所以享乐才具有更重要的意义。闲暇的对立面不是劳动，而是无所事事——不为任何事情投入。无所事事的人最为无聊，通常也是最不幸福的人。马克思指出，"一个人在通常的健康、体力、精神、技能、

---

① 马克·波斯特.第二媒介时代[M].范静哗，译.南京：南京大学出版社，2005：145.
② 成海鹰.道德教育中的享乐与劳动[J].云梦学刊，2021，42（1）：84–91.
③ 康德.实用人类学[M].邓晓芒，译.上海：上海人民出版社，2012：107.
④ 中共中央马克思恩格斯列宁斯大林著作编译局.马克思恩格斯全集（第四十二卷）[M].北京：人民出版社，1979：95.

技巧的情况下，也有从事一份正常的劳动和停止安逸的需求"①。因此，即使迈入一个物质丰裕的时代，每一个人也仍然需要劳动。勤劳较之于懒惰，之所以更容易让人获得幸福感，一个很重要的原因是：劳动不只具有工具价值，还具有本体价值。

3. 勤劳是实现远大理想者的终身信条

（1）远大理想是对消费主义文化中的短视思维的纠偏

纪念五四运动100周年大会对新时代中国青年提出六点要求中第一点就是要树立远大理想。远大理想能够帮助青年人拨开消费主义迷雾，真正确立自己的人生航向，并为之努力奋斗。具体而言，远大理想首先是对消费主义文化中的短视思维的纠偏——不是只着眼于当下的欲望满足，而是能够步履不停，通过辛勤劳动为自己的人生开拓新的可能。

（2）远大理想能够帮助青年人超越"小我"思维，成就社会价值

远大理想能够帮助青年人跳出"小我"的思维，以国家发展、社会进步为勤恳工作的最终目标。远大理想的超越性赋予个体劳动以神圣性，这种神圣性将能给予劳动者不竭的动力，使其为之持久努力。马克思曾在《青年在选择职业时的考虑》中写道："如果我们选择了最能为人类而工作的职业，那么，重担就不能把我们压倒，因为这是为大家作出的牺牲；那时我们所享受的就不是可怜的、有限的、自私的乐趣，我们的幸福将属于千百万人，我们的事业是悄然无声地存在下去，但是她会永远发挥作用，而面对我们的骨灰，高尚的人们将洒下热泪"②。

事实上，劳动是实现个人价值与社会价值统一的主要路径。一方面，辛勤劳动能够帮助个体实现自己的奋斗目标；另一方面，劳动者在追逐梦想的同时，也用自己的劳动为社会创造价值。

（三）创造性劳动的概念

创造性劳动是指人们突破惯常的思维方式、生产方式、组织方式，创造和运用全新的思维观念、知识技术、工艺流程等，产生出新知识、新技术、新思维、新成果，从而提高劳动效率，或产生超值社会财富，或产生新成果的劳动。

创造性劳动也称为创造劳动，或创新劳动，也就是有创新行为的劳动，而不是机械性的重复劳动，在劳动中讲究多动脑、多思维、多变化。创造性劳动是劳动最重要的构成部分，普通劳动是创造性劳动的基础，创造性劳动植根于普通劳动，诞

---

① 中共中央马克思恩格斯列宁斯大林著作编译局. 马克思恩格斯全集（第四十六卷下册）[M]. 北京：人民出版社，1980：122.
② 中共中央马克思恩格斯列宁斯大林著作编译局. 马克思恩格斯全集（第一卷）[M]. 北京：人民出版社，1956：459-460.

生于普通劳动过程，创造性劳动可以引领普通劳动发展进步。

1. 创新是拥抱不确定性的积极探索

（1）风险社会既是挑战，也是机遇

现代社会加速了劳动力的自由流动和组合，但流动意味着不稳定，组合意味着新的可能性，劳动者的生活方式因此充满了前所未有的竞争性和不确定性。社会学家将现代社会称之为"个体化社会""风险社会"，无论是哪种称谓，都揭示出一个基本事实：在现代社会中，劳动者从整体中分离出来，成为自足的个体，个体没有整体的保障，需要自己负责全部生活。

从劳动的角度来看，工作的标准具有相当程度的弹性——知识更新、环境改变为工作赋予了新的复杂性，甚至工作本身的更迭也加快了（新的职业不断涌现，旧的职业也可能不时消亡），从这个意义上来说，创新是劳动者的必备素质——劳动者从事的传统职业中有新的内容，劳动者还可能开创出新的职业。劳动者必须要在不同程度上展开新的探索。

从创新的本质来看，创新本就是对"标准答案"的突破和对既定思维方式的超越。从创新的条件来看，外部环境的不确定性使得企业以及个人不能再安于现状，而是积极改变。

（2）不确定性作为时代特征，不仅针对个体，还影响社会和国家

经济全球化为国家发展、国际竞争带来了新的不确定性，唯有创新才能够掌握主动权。要实现技术创新，归根结底是要培养创新型人才。从这个角度看，创新对于当下中国社会的国家安全而言，具有非常重要的政治意义。对于当代青年而言，创新不仅是个体在风险社会中战胜挑战、拔得头筹的法宝，更是助力国家在复杂多变的国际形势中和平崛起的利器。当今世界正经历百年未有之大变局，无论国家还是个人，都需要开拓创新，在变化中谋发展，在竞争时攀高峰。

2. 创新是人之主体性发挥的集中体现

（1）创新能够展现人的类本质

劳动是人的创造性活动之一。劳动是人有意识的活动，是只有人才具有的，而其他依靠本能生存的动物不可能具有。"蜜蜂建筑蜂房的本领使人间的许多建筑师感到惭愧。但是，最蹩脚的建筑师一开始就比最灵巧的蜜蜂高明的地方，是他在用蜂蜡建筑蜂房以前，已经在自己的头脑中把它建成了"[①]。这是马克思、恩格斯给出的截

[①] 中共中央马克思恩格斯列宁斯大林著作编译局. 马克思恩格斯全集（第二十三卷）[M]. 北京：人民出版社，1972：201.

然不同于传统哲学的对人的定义。正是这种"有意识的生命活动"使得人成为"类主体"。从这个意义上而言，创新是个体对抗异化劳动，展现自己"人之为人"的特性的一种重要方式。

创造力具有普遍性，所以无论体力劳动者还是脑力劳动者，无论个体从事何种职业，都可以具有创造性思维。创造性思维与非创造性思维相比，虽然在思维内容上具有本质区别，但是，他们的基本形式都包括形象思维、抽象思维和灵感思维三种，从大脑中产生的生理机制也完全相同。如果把一般思维视为人脑功能的体现，那么，导致崭新认识成果的创造性思维便是人脑特定功能的体现。

（2）创造性思维是坚持不懈与敢于实践的统一

之所以有的人更好地发挥了自己的创造性思维，是因为他们实现了坚持不懈与敢于实践的统一。一方面，创造不是一蹴而就的，相反，它需要大量知识或经验的积累。许多创造性劳动都是建立在劳动者长期思考的基础之上的；另一方面，创造不是空想，它必须建立在实干的基础上。1897年，居里夫人在前人发现铀的放射性以后，检查现有的其他化合物，发现了钍的放射性，进而又发现了新的放射性元素并将之命名为"钋"。此次，她意识到放射性可能是某一类元素的共性。于是，在长期不懈的艰苦劳动后，她终于发现了预期的强放射性元素——镭。

3. 创新是劳动美的重要源泉

（1）劳动创造美

劳动创造美。马克思用人的本质力量对象化来说明美，认为审美感受是一种在对象中确证自身具有人的本质力量、肯定自己价值的感觉[①]。个体在创新中更容易感受到这种本质力量，也创造出更多的美。同样是建房子，如果建筑师只是复制以往的设计图纸，就不能够感受到自己的本质力量，房子也不可能呈现出真正的美感——即使第一次设计是美的，后期的复制造成了千篇一律，也不会产生美。相反，如果建筑师在设计过程中发挥了自己的创造性，则可能诞生新的美感。总之，人类正是以美的创造活动丰富人的本质力量。

（2）异化劳动压抑劳动者的审美及创造美的能力

虽然劳动本身创造美，但是在资本主义制度下随着人的主体性本质的丧失，劳动者的审美及创造美的能力受到了严重的压抑、摧残甚至扼杀。资本主义社会的生产劳动以资本增值为目的，一方面使人的劳动失去自由自觉的性质，成为实现某种

---

① 相雅芳."劳动美"何以可能——兼论马克思美学思想的当代价值[J]. 毛泽东邓小平理论研究，2020（9）：67-73+109.

目的的劳动，人们在从事美的实践活动中感受不到美的享受；另一方面使人的真正本性如审美需求等被物质需求所排斥，于是审美能力逐渐萎缩，一切价值最终都归于物质价值，使个体片面且畸形发展[①]。如此一来，将会带来两种极端：一是劳动者无法在自己单调、压抑的工作中创造美，只能通过其他形式创造美，这也是一部分"打工诗人""打工乐团"出现的原因，他们以此排解苦闷，并在创作中获得真正的自由；二是劳动美被消费主义五光十色的假象所遮蔽，使得人们不再能感受到劳动中的创造之美，而追求消费文化中趋同的符号和潮流。

二、新时代弘扬劳动精神的实践价值

一是，弘扬劳动精神是全面建设社会主义现代化国家的时代诉求。劳动是助推社会发展的引擎，是通往美好未来的阶梯。建设社会主义现代化强国，呼唤敢为人先、开拓进取的创新性劳动精神，推动我国实现科技自立自强，解决"卡脖子"的技术难题；呼唤刻苦钻研、精益求精的劳动精神，以知识和技能作为核心驱动力，推动实现高质量发展；呼唤敬业担当、苦干实干的劳动精神，脚踏实地，把实体经济做实做强做优；建设现代化强国，需要一支知识型、技能型、创新型劳动者大军，在劳动精神的号召下，发挥工人阶级主力军作用。

二是，弘扬劳动精神是培养高尚道德情操的实践要求。中华民族自古以来就是热爱劳动的民族，以崇尚劳动、尊重劳动者为表征的劳动精神是中华民族的宝贵精神财富，是培育和践行社会主义核心价值观的原生要素，理应成为全社会每个人的精神底色。随着科技和社会的急速发展，劳动主体、劳动形式等发生了巨大的变化，更需要大力弘扬劳动精神，端正人们对劳动的认知，培养高尚道德品质，提高中华民族整体思想道德水平，推进社会主义精神文明建设。

三是，弘扬劳动精神是贯彻落实以人民为中心发展思想的重要支撑。劳动精神坚持以人民为中心的价值导向，奉行"发展依靠人民，发展为了人民，发展成果由人民共享"的理念，体现了劳动主体与劳动目的的统一。一方面，劳动精神充分肯定了劳动人民的主体地位，尊重和鼓励一切劳动者以及他们的劳动创造，使广大人民群众在劳动中感受到幸福感和获得感。另一方面，劳动精神坚持劳动使人幸福的共享理念，通过辛勤劳动获得实实在在的利益，更加公平地享有劳动成果。

---

① 相雅芳."劳动美"何以可能——兼论马克思美学思想的当代价值[J]. 毛泽东邓小平理论研究，2020（9）：67-73+109.

四是，弘扬劳动精神是培育社会主义建设者和接班人的必备举措。在全社会尤其是学校教育中培育和弘扬劳动精神，引导青少年树立正确的劳动价值观，培养良好劳动态度、高尚的劳动品质，涵养深厚的劳动情怀，激发广大青少年的积极性、主动性和创造性。在劳动的过程中，促进大学生的道德品质、智力水平、体力水平和审美能力充分提升，并实现自我价值与社会价值的统一，最终实现人的自由全面发展。

任务二 "新时代的三百六十行"——职业认知专题教育

任务学习目标	建议课时	授课形式
◆ 认知职业生活 ◆ 认知职业技术劳动	2学时	课堂讲授 扫描二维码2-2-1看微课视频 二维码 2-2-1

➤任务二 课内任务实践：认识和体验本专业职业岗位使用的工具（见实践活动工作页）

一、职业分类

职业是参与社会分工，利用专业的知识和技能，为社会创造物质财富和精神财富，获取合理报酬，作为物质生活来源，并满足精神需求的工作。社会分工是职业分类的依据。在分工体系的每一个环节上，劳动对象、劳动工具以及劳动的支出形式都各有特殊性，这种特殊性决定了各种职业之间的区别。

根据中国职业规划师协会定义：职业包含十个方向（生产、加工、制造、服务、娱乐、政治、科研、教育、农业、管理）。

细化分类有90多个常见职业，如工人、农民、个体商人、知识分子、军人等。

第一产业：粮农、菜农、棉农、果农、瓜农、猪农、豆农、茶农、牧民、渔民等。

第二产业：瓦工、装配工、注塑工、折弯工、压铆工、投料工、物流运输工、普通操作工、喷涂工、力工、搬运工、缝纫工、司机、木工、电工、修理工、普工、屠宰工、清洁工、杂工等。企业制造多用黑领、蓝领来表示。

第三产业：公共服务业（大型或公办教育业、政治文化业、大型或公办医疗业、大型或公办行政、管理业、民族宗教、公办金融业、公办咨询收费业、公办事务所、大型粮棉油集中购销业、科研教育培训业、公共客运业、通信邮政业、通信客服业、影视事务所、声优动漫事务所、人力资源事务所、发行出版业、公办旅游文化业、家政服务业）、个体商人（服务）业（坐商）、其他（盲人中医按摩业、个体药店、个体外卖、个体网吧、售卖商业、流动商贩、个体餐饮业、旅游住宿业、影视娱乐业、维修理发美容服务性行业、个体加工业、个体文印部、个体洗浴业、回收租赁业、流动副业等）等从业人员。

2022年9月28日，人力资源和社会保障部举行《中华人民共和国职业分类大典（2022年版）》（以下简称《职业分类大典》）（图2-2-1）新闻发布会，与2015版大典相比，2022版《职业分类大典》对分类体系等内容进行了修订。把新颁布的74个职业纳入到大典当中。在保持八大类不变的情况下，净增了158个新的职业，现在职业数达到了1639个。

图 2-2-1 《中华人民共和国职业分类大典（2022年版）》

知识链接：

《职业分类大典》的作用：

职业是随着生产力发展和社会劳动分工的出现，逐步产生和变化的。职业分类大典则是职业分类的成果形式和载体，在开展劳动力需求预测和规划、统计分析就业人口结构和趋势、开展职业教育培训和就业指导等工作中发挥着基础性和导向性作用。

《职业分类大典》的建立和修订历程：

1995年劳动部、国家质量技术监督局、国家统计局牵头启动国家职业分类大典编制工作，于1999年颁布了我国第一部国家职业分类大典，填补了我国职业分类工作的空白，标志着适应我国国情的国家职业分类体系基本建立。随着经济社会发展、科学技术进步和产业结构调整，社会职业构成和内涵发生较大变化，2010年底，我们启动国家职业分类大典的第一次修订工作，历时5年，颁布了2015年版《中华人民共和国职业分类大典》。

为了适应当前职业领域的新变化，更好满足优化人力资源开发管理、促进就业创业、推动国民经济结构调整和产业转型升级等需要，2021年4月，人社部启动了第二次修订，并于2022年9月28日正式公布2022年版《职业分类大典》。

第二次修订主要变化：

一是对分类体系进行了修订。把新颁布的74个职业纳入到大典当中。比如围绕制造强国，我们把工业机器人操作员和运维人员纳入大典当中。根据乡村振兴的需要，我们把农业数字化技术员和农业经理人纳入大典当中。

二是对相关职业信息描述做了一些修订。对两个大类职业的名称和定义做了调整，对30个中类、100余个小类名称、定义做了一些调整；对700多个职业的信息描述做了调整。

三是对数字职业和绿色职业进行了标注。这次共标注了97个数字职业，占职业总数的6%。同时，延续2015年版大典对绿色职业标注的做法，标注了134个绿色职业，占职业总数的8%。其中既是数字职业也是绿色职业的，共有23个。这也反映出数字经济和绿色产业带来的职业变化。

2022年版大典中专业技术人员大类新增了哪些职业，下一步在推广使用上有何考虑？

2015年版大典颁布后，专业技术人员大类也就是二大类已经发布了15个新职业，包括人工智能、物联网、大数据、云计算、智能制造、工业互联网、虚拟现实、区块链、集成电路、机器人、增材制造、数据安全工程技术人员等。除此以外，这次修订还增设了密码工程技术人员、碳管理工程技术人员、金融科技师等29个新的职业。这些新增的职业坚持面向世界科技前沿，面向经济主战场，面向国家重大需求，面向人民生命健康，紧跟时代发展步伐，为新兴领域、新兴职业的从业人员提供了更大的职业发展空间。

专业技术人员大类这次新增的职业主要是集中在数字技术领域，特别是专门增设了数字技术工程技术人员小类，这个小类下设13个数字技术职业。从2021年起，人社部会同工业和信息化部，已经制订颁布了其中10个新职业的国家职业标准，启动实施了专业技术人才知识更新工程数字技术工程师培育项目，并且组织编写了相关的培训教程。主要是面向数字技术技能领域实施规范化培训、社会化评价，每年培养培训数字技术技能人才大概8万人左右。此外，比如北京、上海、天津、深圳等地，还在工程系列里增设了人工智能等职称评审专业，为新职业群体提供了更加科学、更有针对性的职称评审服务。

下一步，人社部将以新职业为重点，发挥行业主管部门和行业协会学会的职能作用，加快开发制订职业标准，促进职业标准与人才评价深度融合。以数字技术为重点，深入实施数字技术工程师培育项目，组织规范开展培训和评价工作。在各地试点的基础上，探索在新职业领域新设职称评审专业，提供职称评价服务，为新职业群体搭建更加通畅的职业发展通道，服务国家经济社会高质量发展。

这次大典修订首次标识97个数字职业的作用和意义：

第一，有利于推动数字经济的发展。近年来，我国数字经济发展迅猛，到2021年底其规模已经达到45.5万亿，占GDP比重达到39.8%。通过标注数字职业，一方面可以反映出各个行业在数字化进程中的一些变化，同时也反映出这个行业未来数字经济发展的趋势，为国家加大数字经济政策创新力度提供有益参考。

第二，有利于加速数字技术创新。数字职业是伴随着数字技术的发展而来的，通过标注数字职业，可以提升数字职业社会的认同度和公信力，可以成为广大劳动者选择职业发展的风向标，也可以引导越来越多的技术技能人才投身到数字经济建设的伟大实践中来，为推动我国数字技术的创新贡献力量。

第三，有利于数字人才队伍建设。人才是第一资源，标注数字职业有利于规范数字职业标准的开发，引导院校专业的设置。同时，对数字资源培训课程的开发也发挥着积极的引导作用。通过这些基础资源的开发，为数字人才的培养、评价和使用提供基础，拓展人才发展空间，畅通职业发展通道，激发人才创新活力，通过人才创新带动数字经济的发展，推动数字技术的转型。

第四，有利于提升全民数字素养和技能。目前，随着数字产业的发展，数字经济的发展，数字素养和技能已经融入百姓日常生活当中。通过标注数字职业，可以激发全民参与到数字经济建设的过程中来，进一步激发全民提升数字素养的热情，为未来数字产业的发展营造良好的氛围。

二、职业特征

1. 职业的社会属性

职业是人类在劳动过程中的分工现象，它体现的是劳动力与劳动资料之间的结合关系，也体现了劳动者之间的关系，劳动产品的交换体现的是不同职业之间的劳动交换关系。这种劳动过程中结成的人与人的关系无疑是社会性的，他们之间的劳动交换反映的是不同职业之间的等价关系，这反映了职业活动职业劳动成果的社会属性。

2. 职业的规范性

职业的规范性应该包含两层含义：一是指职业内部的规范操作要求性；二是指职业道德的规范性。不同的职业在其劳动过程中都有一定的操作规范性，这是保证职业活动的专业性要求。当不同职业在对外展现其服务时，还存在一个伦理范畴的规范性，即职业道德。这两种规范性构成了职业规范的内涵与外延。

3. 职业的功利性

职业的功利性也叫职业的经济性，是指职业作为人们赖以谋生的劳动过程中所具有的逐利性一面。职业活动中既满足职业者自己的需要，同时，也满足社会的需要，只有把职业的个人功利性与社会功利性结合起来，职业活动及其职业生涯才具有生命力和意义。

4. 职业的技术性和时代性

职业的技术性指不同的职业具有不同的技术要求，每一种职业往往都表现出一定相应的技术要求。职业的时代性指职业由于科学技术的变化，人们生活方式、习惯等因素的变化导致职业打上那个时代的"烙印"。

三、职业劳动需要专业化的知识和技能

随着现代劳动的复杂化，现代生活与现代职业对能力的要求越来越高，要胜任现代职业劳动，学生需要具备丰富的专业知识和技能，需要在实际劳动过程中积累知识和练习技能，以便锻炼劳动能力。

1. 科技的应用使人类劳动变得日益复杂

人类劳动变得日益复杂，劳动形态发生了翻天覆地的变化，无论是生活劳动还是职业劳动，都广泛地应用了科学技术。例如，在现代生活中，设备已成日常必备品，智能家居设备也越来越普及。人们不再完全靠体力完成家务劳动，而是通过与智能产品合作完成劳动任务，比如在生活中使用自动洗碗柜和扫地机器人。现代职业劳动的变化尤其明显，在现代生产中，许多职业劳动逐步开始采用自动化设备，甚至采用全自动的生产方式，服务业岗位也出现了具备一定智慧能力的智能会计、

智慧金融客服等。传统的会计工作与柜台服务工作，转变成帮助客户与机器人互动的辅助性工作。

现代劳动的特征是大量运用科技知识。以科技为基础的现代劳动，要求广大劳动者既要懂得科学技术知识，也要掌握现代生产的知识、技能，理解各行各业职业劳动的岗位特点。以服装产业为例，以往一件衣服制作的所有工作由一个人或少数几个人就能完成，现在生产一件衣服需要经过几十道工序，由很多不同岗位的人协作完成，生产过程涉及大量智能化设备操作、维护等方面的科学知识和技术知识。以交通运输业为例，新能源汽车逐步普及，也出现了无人驾驶汽车，要胜任与汽车维修和保养相关的职业岗位，就需要能理解并运用更多、更丰富的科学知识和技术知识。

2. 拥有知识是从事职业劳动的基础条件

现代社会产业高度分化，人类劳动因而越来越专业化。无论是生活劳动，还是职业劳动，都越来越需要专业知识来支撑。生活劳动主要通过观察和模仿来学习，相对简单，主要需要端正的态度。职业劳动却越来越复杂，专业化程度日益增强，不仅需要态度，还需要足够的普通技能、职业技能，能力要求更高的职业需要更多的文化知识和职业技能。

正如劳动力教育研究发现，个人在劳动力市场存在竞争优势模式。该模式中的水平一表示工作习惯、态度和普通技能等内容，缺乏这些基础性职业素养，劳动者难以获得工作岗位，这是胜任低技能或低工资工作的基本要求。水平二表示文化知识，技能要求较高或工资水平较高的工作，需要一些文化知识，这说明胜任较高水平的岗位任务离不开文化知识。水平三表示职业技能和专门化知识，这说明获得高技能或高工资的岗位，需要更高水平的职业技能和文化知识。该模式说明，劳动者获得简单的工作，主要依靠态度的支撑；获得较复杂的工作，则需要以文化知识作为基础；获得更高工资水平的工作，还需要学习专门化的知识，训练相关职业技能（图2-2-2）。总之，劳动者要想获得劳动力市场的竞争优势，既要加强文化知识的学习，也要重视专业知识的学习，还要加强技能训练。

3. 掌握技能是胜任职业劳动的重要前提

胜任职业劳动需要专门的技能。胜任职业劳动仅有知识是不够的，还需要做出产品，或者完成服务，在这个过程中所需的许多技能是在劳动过程中逐步形成的。有知识不等于有技能，更不等于有能力，个人从开始积累知识和具备技能到形成能力，还需要付出巨大的努力。因而，练习技能是胜任职业劳动的重要前提（图2-2-3）。形成劳动能力不能仅满足于知道或者理解劳动工具或劳动过程，

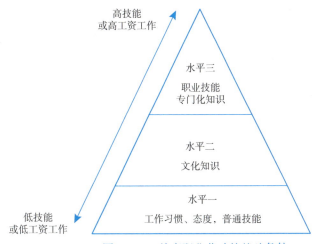

图 2-2-2 从事职业劳动的基础条件

图 2-2-3 大学生职业劳动训练

还需要真实地执行与完成劳动任务,以便通过灵活应对职业劳动任务锻炼劳动能力。

以要求较为严格的药品采购工作为例。药品采购工作的岗位能力,看似仅需全面认识药品内容,懂一些基本的采购流程,而实际上,课堂中所学习的分析药品质量、价格和服务等因素,开发潜在供应商的内容,仅是药品采购的准备工作,要完成采购流程还需要药品采购合同的签订、执行,药品采购绩效评价,供应商管理等众多工作内容,需要多项岗位能力,每一项能力都能拆分为数条子级能力。这些能力并非通过单项技能训练或者掌握系统知识就能获得,而是需要在实际采购过程中反复实践、积累经验。

即便是各行各业都涉及的,且工作内容相对简单的客服工作,也并非简单地通过学习教材,从理论上理解客户类型与诉求情况,或者明白整理客服数据的方法就能够胜任。要胜任这份工作，还需要掌握以下能力：在实际工作过程中，以正确的态度或心态对待各种客户投诉或举报；能有效地自我调节心情；以及根据客服数据反馈主动判断并合理地撤销客户数等，这些能力都需要在实际工作现场通过训练并逐步积累而形成。

四、从事适合自己的工作

不同于传统智力理论对智力的单一量化评估及对智力狭隘的一元解读，美国教育家、心理学家霍华德·加德纳在1983年出版的《智力的结构》一书中提出"智力是为某种或多种文化环境所重视的解决问题或创造产品的能力"这一新理念。他将人类的智力描述为一个复杂的范式，并在之后的研究中发现每个人具备至少8种不同的智力，如：逻辑数学智力、音乐智力、语言智力、身体运动智力、空间智力、人际关系智力、自省智力、自然智力。这些不同类型的智力同等重要，并构成了每一个人独特的认知轮廓，即当代在世界各国产生了积极影响的多元智能理论。在加德纳看来，每个孩子都是一个潜在的天才儿童，只是经常表现为不同的形式。在日常生活中我们会发现，会计师、精算师和科学家常常表现出较强的逻辑数学智力，音乐家和作曲家在音乐的表达和创作方面展示出了发达的音乐智力，诗人、作家或演说家拥有强大的语言智力，销售人员、公共服务人员、外交官常常会显示出他们出色的人际关系智力等。这些说明，每个人都拥有某种甚至数种出色的智力，各有所长。

在理想的和谐社会中，人们各尽其能，各得其所。然而在现实生活中，我们时常发现学生对于职业和工作有着不切实际的执着，眼高手低，有的人甚至走了很多弯路才认清现实，发现自己最适合从事的职业。这些人通常对职业有着高低贵贱的看法。例如，通常他们认为公务员是很体面的工作，自己未必适合也要去考公务员；看到他人辍学开公司当老板赚钱多，便觉得读书没用，要去经商挣大钱；看到他人学金融、学会计好像挣钱容易，即使不感兴趣也要挤入这个行业。造成这些人不切实际择业的原因主要在于他们对劳动和职业缺乏正确的认识，以及对自身不了解，以致于在择业时无所适从，无法为自己准确定位。

心理学家戴维·麦克利兰曾于1973年提出胜任力这一概念，之后斯宾塞等人将胜任力视为人的潜质，并归纳了胜任力的五个层面：知识（个体所拥有的特定领域的信息、发现信息的能力、能否用知识指导自己的行为）、技能（执行某种体力或智力工作的能力)、自我概念(个体的态度、价值观或自我形象)、特质(个体的生理特征和对情景或信息的持续反应)、行为内力五个层面的基础上他们建构了关于胜任力的冰山模型。他们认为一个人的知识和技能是可见的、外显的,因而像漂浮于水面的冰山部分;而自我概念、特质、动机则是人个性中较为隐蔽的、深层的部分,像隐于水下的冰山,是决定人的行为表现的关键因素。工作中需要用到的技能与知识等外显特征,在大多情况下可以通过后天的修习而获得;内隐特征则相当复杂,"一个人究竟具备哪些潜质,究竟适合从事何种劳动、何种职业"是一个探索性问题,需要在日常生活和劳动中不断地反思并发现自我。

被称为"宇宙之王"的霍金,其实在少年时期也并没有表现出异于常人的佳绩,但他有一个特点,就是喜欢把家里的物件拆得七零八落,喜欢设计复杂的玩具,制作模型飞机和轮船,在少年时期显示出了超强的好奇心和动手能力。霍金的名言"无论生活看起来多么糟糕,总有你可以做并能做成功的事情,重要的是不要放弃",鼓励我们要努力发掘自己的胜任力,进而争取从事适合自己的工作。此外,任何工作都有相应的要求。想要从事心仪的工作,首先要付出相应的努力,以获得从事该工作的资质和能力。

知识链接:在平凡的岗位上也能做出不平凡的事

无论从事何种行业与职业,只要热爱自己的工作、努力勤奋、持之以恒、精益求精,都能有所收获,做出成绩。

2015年中央电视台推出了《大国工匠》的系列节目,让我们了解到这些在平凡的岗位上为国家和人民作出不平凡贡献的劳动者。他们爱岗敬业,在工作中勇于创新、追求精益求精,是新时期的大国工匠。大国工匠胡双钱和他的钳工班组的工作场所位于厂房里一个不起眼的角落,他们通过手工打磨、钻孔、抛光,对那些用于大飞机上的零件做细微调整。为保证加工的准确和质量,减少事故的发生,他发明了"对比反复法"和"反向验证法",把钳工的工作做得精确到位。在他看来,飞机零件关乎生命,做好每一件不起眼的小事意义重大。

在2018年"大国工匠年度人物"中,有一位老先生李云鹤,80多岁了仍坚守在文物修复保护第一线,他曾修复壁画近4000平方米,修复塑像500身,取得多项研究成果，是国内石窟整体异地搬迁复原成功的第一人。还有电网系统特高压检修工王进，曾成功完成世界首次±660千伏直流输电线路带电作业，带电检修300余次，实现"零失误"，为国家节省电量1000万千瓦时。

这些劳动者之所以被称为"匠"，不仅是因为他们拥有娴熟的专业技能，更因为他们具有蕴藏在技能背后更深层次的精神内涵，如积极的劳动态度、探索精神、家国情怀、对生命的尊重、对社会的责任感等。

任务三 "我为人人，人人为我"
——志愿服务主题劳动实践

任务学习目标	建议课时	授课形式
◆ 了解志愿者的由来、涵义 ◆ 了解志愿者服务劳动的基础知识	8学时	实践劳动

➢ 任务三 课外任务实践：志愿者服务（见实践活动工作页）

一、志愿者

志愿者是指志愿贡献个人的时间及精力，在不为任何物质报酬的情况下，为改善社会服务，促进社会进步而提供服务的人（图2-3-1）。志愿工作具有志愿性、无偿性、公益性、组织性四大特征。参与志愿工作既是"助人"，亦是"自助"，既是"乐人"，同时也"乐己"。参与志愿工作，既是在帮助他人、服务社会，同时也是在传递爱心和传播文明。志愿服务个人化、人性化的特征，可以有效地拉近人与人之间的心灵距离，减少疏远感，对缓解社会矛盾，促进社会稳定有一定的积极作用。

中国青年志愿者行动是一项与国际接轨、社会主义市场经济同向并轨的跨世纪事业，它致力于帮助有特殊困难的社会成员，推动社会保障体系的建立和完善；致力于消除贫困和落后，消灭公害和环境污染，普及科学文化知识，促进经济社会

图2-3-1 志愿者标识

协调发展和全面进步；致力于建立互助友爱的人际关系和良好的社会公德，推动社会主义精神文明建设；立足于社会关注、党政关心、青年能为的社会公益事业，是动员和组织青年参加社会主义精神文明建设的有效载体；是新形势下共青团工作服务社会的新探索。

1993年底，共青团中央决定实施中国青年志愿者行动。12月19日，2万余名铁路青年率先打出了"青年志愿者"的旗帜、在京广铁路沿线开展了为旅客送温暖志愿服务。之后，40余万名大中学生利用寒假在全国主要铁路沿线和车站开展志愿者新春热心行动，青年志愿者行动迅速在全国展开。青年志愿者行动不断发展，志愿服务的领域不断扩大，志愿者队伍日益壮大。据不完全统计，至2000年6月，全国累计已有8000多万人次的青年向社会提供了超过40亿小时的志愿服务。

为推动青年志愿服务事业的发展，团中央于1994年12月5日成立了中国青年志愿者协会，随后，各级青年志愿者协会也逐步建立起来。到2000年，已初步形成了由全国性协会、36个省级协会、2/3以上的地（市）级协会及部分县级协会组成的志愿服务组织管理网络。

1998年8月，团中央青年志愿者行动指导中心正式成立，负责规划、协调、指导全团的青年志愿服务工作，承担中国青年志愿者协会秘书处的职能。为使志愿服务落实到基层，深入千家万户，从1995年开始进行了社区青年志愿者服务站建设工作。全国已建立社区青年志愿者服务站24000多个，"一助一"服务对子达到250万对，各地还建立了一大批青年志愿者服务基地、服务广场（图2-3-2）。

图 2-3-2　黑龙江省高职院校建筑装饰技术应用大赛志愿者服务队

图 2-3-2　黑龙江省高职院校建筑装饰技术应用大赛志愿者服务队（续）

二、志愿工作

志愿工作具有志愿性、无偿性、公益性、组织性四大特征。

有些人片面地认为从事志愿工作是慈善为怀、乐善好施的表现，把志愿工作看成一种单方面的施予；认为志愿工作只是为了减轻专职人员的工作负担，把志愿者当作廉价劳动力；认为只有那些不愁衣食及有大量空余时间的人，才有资格或机会参加志愿工作，这是错误的认知。

三、志愿精神

志愿精神是个人对生命价值、社会、人类和人生的一种积极态度。

志愿精神是指一种自愿的、不为报酬和收入而参与推动人类发展、促进社会进步和完善社区工作的精神。我国对志愿精神的表述是："奉献、友爱、互助、进步"。

四、志愿者行动原则

自愿参加：只有"自愿"才能称其为"志愿者"，只有"自愿"才能持久。

量力而行：根据自己人力、物力、财力条件允许的程度来开展工作。

讲求实效：办实事、抓落实、求实效三者缺一不可。

持之以恒：志愿者行动是一项跨世纪事业，必须以办事的精神和方法来推进，必须建立必要的机制以保障青年志愿者行动经常化、长期化、规范化、制度化。

五、如何适应志愿者工作

健康的处世观：广交而不滥交，选择而不排斥，主动而不消极等待，稳重而不自恃清高，热情而不轻浮，灵活而不圆滑，谦虚而不自卑，乐观而不自负。

了解团队工作：了解目标，分析团队任务，发挥潜力，集体创造，建立信任，圆满完成。

战胜压力：端正态度，设计策略，积极行动，部署工作，安排时间，加强沟通，建立平衡，放松身体，观察他人，分析个性，帮助他人。

六、如何做一名快乐的志愿者

合理地安排时间；找到自己的平衡点；保持一颗平常心；认识到你不是只有一个人；坚持你的信仰；将心比心；学会聆听；摆正自己；积极主动。

知识链接：志愿者名言

我志愿我健康，志愿服务意味着健康的身体、健康的心态和健康的生活。——中国工程院院士钟南山

我志愿我成长，志愿服务是学会做人、学会做事、学会与人合作的有效途径，在志愿服务中成长是最难得的人生体验。——中山大学林丹妮

我志愿我快乐，志愿服务是创造、获得和享受快乐的过程，也是带给他人快乐的过程。——"中国十大杰出青年"庞波

我志愿我美丽，美丽发自内心，是一种修行，是一种状态，是一种境界，正如志愿精神。——"美在花城"冠军赵荣

任务四 "劳动创造美好生活"
——职业素养提升专题教育

任务学习目标	建议课时	授课形式
◆ 了解职业素养的概念、具体内容 ◆ 大学生提升职业素养的方法 ◆ 了解职业相关法律法规	2学时	课堂讲授 扫描二维码2-4-1看微课视频 二维码2-4-1

➤任务四 课内任务实践：劳动体验——我是普法宣传员（见实践活动工作页）

一、职业素养的概念

职业素养是人类在社会活动中需要遵守的行为规范,是指职业内在的规范和要求,是在职业过程中表现出来的综合品质,包含职业道德、职业技能、职业行为、职业作风和职业意识等方面。

二、职业素养的具体内容

(一)职业道德

1. 职业道德的定义

职业道德是指同人们的职业活动紧密联系的符合职业特点所要求的道德准则、道德情操与道德品质的总和,它既是本职人员在职业活动中的行为标准和要求,同时又是职业对社会所负的道德责任与义务。

2. 职业道德的作用

(1)调节职业交往中从业人员内部以及从业人员与服务对象间的关系;

(2)有助于维护和提高本行业的信誉;

(3)促进本行业的发展;

(4)有助于提高全社会的道德水平。

(二)职业技能

1. 职业技能的定义

职业技能是指在职业分类基础上,根据职业的活动内容,对从业人员工作能力水平的规范性要求。

2. 职业技能的重要性

职业技能是从业人员从事职业活动,接受职业教育培训和职业技能鉴定的主要依据,也是衡量劳动者从业资格和能力的重要尺度。

(三)职业行为

1. 职业行为的定义

职业行为是指人们对职业劳动的认识、评价、情感和态度等心理过程的行为反映,是职业目的达成的基础。

2. 职业行为的特点

职业行为具有规范性、连续性和可量化的特点,是职业素养的外在表现。

（四）职业作风

1. 职业作风的定义

职业作风是指从业者在其职业实践和职业生活中所表现的一贯态度。

2. 职业作风的重要性

职业作风是企业从业人员敬业精神的外在表现，职业作风的优劣直接影响着企业的信誉、形象和效益。从某种意义上讲，职业作风关系到企业的兴衰成败，关系到企业的生死存亡。

（五）职业意识

1. 职业意识的定义

职业意识是人们对职业劳动的认识、评价、情感和态度等心理成分的综合反映，是支配和调控全部职业行为和职业活动的调节器，它包括创新意识、竞争意识、协作意识和奉献意识等方面。

2. 职业意识的种类

职业意识包括诚信意识、团队意识、学习意识、客户意识等方面。

三、大学生提升职业素养

职业素养是通过长期实践与培养获得的、工作中所具备的各项品格特征、行为规范的集合，包括职业道德、职业技能、职业行为、职业作风、职业意识五个方面。其中，职业技能是学生在工作和学习中显性表现出来的职业能力素养，其他四项则是通过培养和训练，在潜移默化中沉淀下来的职业核心素养和个人基本修养。

1. 职业道德素养提升。包含职业纪律、职业品德、职业责任等，是符合职业要求的道德准则、道德情操与道德品质，也是学生适应社会进步、追求职业发展、胜任岗位工作必须具备的品格和价值观。良好的职业道德素养有利于学生正确职业生涯规划的形成。

2. 职业技能素养提升。包含提升专业学习能力、岗位操作技能等，是直接与职场环境和岗位工作相对接的。专业学习能力是按照工作过程系统化的方法有针对性地开展学习、发现问题和解决问题的能力。岗位操作技能是将所学知识应用于企业生产的实际动手与创新能力。

3. 职业行为素养提升。包括提升工作学习行为、日常生活行为等，是帮助学生树立从业人员良好职业形象和职业操守的作风与习惯，对规范行为、履行社会责任、维护行业企业声誉、自觉弘扬行业企业文化、提高从业人员专业服务水平具有积极的促进作用。

4.职业作风素养提升。包含提升职业学习态度作风、职业道德作风。当前，知识以迅猛的速度更新迭代，一日不学，就会跟不上形势变化，为使学生适应社会发展，提高职业作风最好的方法就是不断地学习，让自己在无限的知识海洋中，感受危机，在不断的学习中，破解危机，提高效率。职业道德作风关系到企业的兴衰成败，关系到企业的生死存亡，优化职业作风，就要反对腐败和纠正行业不正之风，以职业道德规范职业行为作风。

5. 职业意识素养提升。包含提升职业认知、职业态度与合作意识等，是学生对自己进行正确社会定位的思维方式。职业认知是学生对将来从事职业及匹配度的不断深入理解；职业态度是学生对职业选择的兴趣和喜好，关系着职业行为的工作态度和团队合作精神。

四、职业相关法律法规

（一）《中华人民共和国安全生产法》简介

2002年6月29日第九届全国人民代表大会常务委员会第二十八次会议通过（图2-4-1），根据2009年8月27日第十一届全国人民代表大会常务委员会第十次会议《关于修改部分法律的决定》第一次修正，根据2014年8月31日第十二届全国人民代表大会常务委员会第十次会议《关于修改〈中华人民共和国安全生产法〉的决定》第二次修正，根据2021年6月10日第十三届全国人民代表大会常务委员会第二十九次会议《关于修改〈中华人民共和国安全生产法〉的决定》第三次修正。

目录

第一章　总则

第二章　生产经营单位的安全生产保障

第三章　从业人员的安全生产权利义务

第四章　安全生产的监督管理

第五章　生产安全事故的应急救援与调查处理

第六章　法律责任

第七章　附则

图2-4-1 《中华人民共和国安全生产法》

部分内容摘录

第二章　生产经营单位的安全生产保障

第二十条　生产经营单位应当具备本法和有关法律、行政法规和国家标准或者行业标准规定的安全生产条件；不具备安全生产条件的，不得从事生产经营活动。

第二十一条　生产经营单位的主要负责人对本单位安全生产工作负有下列职责：

（一）建立健全并落实本单位全员安全生产责任制，加强安全生产标准化建设；

（二）组织制定并实施本单位安全生产规章制度和操作规程；

（三）组织制定并实施本单位安全生产教育和培训计划；

（四）保证本单位安全生产投入的有效实施；

（五）组织建立并落实安全风险分级管控和隐患排查治理双重预防工作机制，督促、检查本单位的安全生产工作，及时消除生产安全事故隐患；

（六）组织制定并实施本单位的生产安全事故应急救援预案；

（七）及时、如实报告生产安全事故。

第二十二条　生产经营单位的全员安全生产责任制应当明确各岗位的责任人员、责任范围和考核标准等内容。

生产经营单位应当建立相应的机制，加强对全员安全生产责任制落实情况的监督考核，保证全员安全生产责任制的落实。

第二十三条　生产经营单位应当具备的安全生产条件所必需的资金投入，由生产经营单位的决策机构、主要负责人或者个人经营的投资人予以保证，并对由于安全生产所必需的资金投入不足导致的后果承担责任。

（二）《中华人民共和国职业病防治法》简介

2001年10月27日第九届全国人民代表大会常务委员会第二十四次会议通过（图2-4-2），根据2011年12月31日第十一届全国人民代表大会常务委员会第二十四次会议《关于修改〈中华人民共和国职业病防治法〉的决定》第一次修正，根据2016年7月2日第十二届全国人民代表大会常务委员会第二十一次会议《关于修改〈中华人民共和国节约能源法〉等六部法律的决定》第二次修正，根据2017年11月4日第十二届全国人民代表大会常务委员会第三十次会议《关于修改〈中华人民共和国会计法〉等十一部法律的决定》第三次修正，根据2018年12月29日第十三届全国人

图2-4-2　《中华人民共和国职业病防治法》

民代表大会常务委员会第七次会议《关于修改〈中华人民共和国劳动法〉等七部法律的决定》第四次修正。

目录

第一章　总则

第二章　前期预防

第三章　劳动过程中的防护与管理

第四章　职业病诊断与职业病病人保障

第五章　监督检查

第六章　法律责任

第七章　附则

（三）"五险一金"简介

五险一金是指用人单位给予劳动者的几种保障性待遇的合称，包括养老保险、医疗保险、工伤保险、失业保险、生育保险和住房公积金。

《中华人民共和国社会保险法》规定：职工应当参加基本养老保险，由用人单位和职工共同缴纳基本养老保险费；职工应当参加职工基本医疗保险，由用人单位和职工按照国家规定共同缴纳基本医疗保险费；职工应当参加工伤保险，由用人单位缴纳工伤保险费，职工不缴纳工伤保险费；职工应当参加失业保险，由用人单位和职工按照国家规定共同缴纳失业保险费；职工应当参加生育保险，由用人单位按照国家规定缴纳生育保险费，职工不缴纳生育保险费。

任务五　"精益求精无止境"——工匠精神专题教育

任务学习目标	建议课时	授课形式
◆ 了解中国工匠精神的由来、涵义 ◆ 弘扬中华优秀传统文化精益求精的工匠精神 ◆ 传承中华优秀传统文化精益求精的工匠精神	2学时	课堂讲授 扫描二维码2-5-1看微课视频 二维码 2-5-1

➤任务五　课内任务实践："传承工匠精神"主题讨论（见实践活动工作页）

"工匠精神"对于个人，是干一行、爱一行、专一行、精一行，务实肯干、坚持不懈、精雕细琢的敬业精神；对于企业，是守专长、制精品、创技术、建标准，持之以恒、精益求精、开拓创新的企业文化；对于社会，是讲合作、守契约、重诚信、促和谐，分工合作、协作共赢、完美向上的社会风气。

一、工匠精神的由来

中国的工匠精神来源于农耕文明时期的四大发明和庖丁、鲁班等优秀工匠文化的传承（图2-5-1）。从传统意义上讲，一谈到工匠精神，人们自然会想到德国、日本等高端制造业国家对产品的精雕细琢，对制造的精益求精，工匠精神主要体现在产品制造过程。而从现代意义上讲，随着平等、开放、协同、共享的互联网精神的深入，实现了企业内的去中心化、企业间的无边界化、产业内的网络生态及行业间的互联互通。工匠精神，在产业内从制造环节向前、向后延伸至研发、制造、营销、物流、服务的每一环节都要求精准；在产业间从制造业延展至商业、金融业、服务业乃至社会的各行各业也都要求精准。也就是说，工匠精神不仅体现在物质生产领域，而且也体现在非物质生产领域。

庖丁解牛

中国工匠师祖 鲁班

中国造纸术改进者 蔡伦

赵州桥设计师 李春

图 2-5-1　中国历史匠人

二、工匠精神在中国的提出

中国制造，经过改革开放以来多年的发展，从小到大，现在又走到了一个新的历史阶段，从低到高，即从低端制造业迈向高端制造业。在高端制造业方面，目前中国与西方发达国家还存在一定差距。弘扬"工匠精神"，则是推动中国高端制造业全面发展的重大举措。

2016年3月，《政府工作报告》首次提出要弘扬工匠精神："鼓励企业开展个性化定制、柔性化生产，培育精益求精的工匠精神，增品种、提品质、创品牌。"

三、工匠精神的内涵界定

经过初步归纳研究，"工匠精神"可以从六个维度加以界定，即：专注、标准、精准、创新、完美、人本。其中，专注是工匠精神的关键，标准是工匠精神的基石，精准是工匠精神的宗旨，创新是工匠精神的灵魂，完美是工匠精神的境界，人本是工匠精神的核心。

1. 专注。围绕某一产业、某一行业、某一产品、某一部件，做专做精、做深做透、做遍做广、做强做大、做久做远。创业之初，针对自身核心优势，不断深耕细作、精雕细琢、精益求精，即聚焦、聚焦、再聚焦，坚持、坚持、再坚持。兴业之中，针对产品痛点、难点，日之所思、梦之所萦，耐住寂寞、慢工细活，踏踏实实，一以贯之。概括而言，专注包括长期专注、终生专注、多代专注。

2. 标准。做标准是做企业的最高境界。标准包括：员工标准、现场标准、流程标准、设备标准、技术标准、安全标准、环境标准、产品标准等。以流程标准为例，把复杂问题简单化，把简单问题数量化，把数量问题程序化，把程序问题体系化。流程标准形成体系以后，自驱动性、自增长性、自优化性、自循环性，即自运行性，轮回上升。

3. 精准。精准包括：精准研发、精准制造、精准营销、精准物流、精准服务。不仅每一区段都要做到精准，而且整个过程都要做到精准。就每一区段而言，精准最高目标为：研发做到与用户零距离交互，制造出的产品做到没有缺陷，营销时能使库存为零，物流优化为零时间，服务实现零抱怨。就整个过程而言，第一次就做对，每一次都做对，层层做对，事事做对，时时做对，人人做对。

4. 创新。创新是"工匠精神"的灵魂。创新既包括迭代式创新，也包括颠覆式创新；既包括微创新，也包括巨创新；还有跨界创新等。"工匠精神"内涵本身也在不断发展。

5. 完美。完美是专注、标准、精准、创新的自然产物和综合体现。完美，即把产品做得像艺术品一样精美、精致，以此实现从质量制造向"艺术制造"的转型。

6. 人本。"工匠精神"的核心在人。产品是人品的物化。过去，产品、人品是分离的；现在，产品、人品是合一的。

知识链接：中国古代匠人轶事

（一）鲁班（公元前507～前444年），春秋时期鲁国人（今山东滕州人），姬姓，公输氏，字依智，名班，人称公输盘、公输般、班输，尊称公输子，又称鲁盘或者鲁般，惯称"鲁班"，著名工匠家，被后世尊称为中国工匠师祖。鲁班的名字实际上已经成为古代劳动人民智慧的象征。

《事物绀珠》《物原》《古史考》等不少古籍记载，木工使用的不少工具器械都是他创造的，如曲尺（也叫矩或鲁班尺），又如墨斗、刨子、钻子、锯子等工具传说也都是鲁班发明的。这些木工工具的发明使当时工匠们从原始繁重的劳动中解放出来，劳动效率成倍提高，土木工艺出现了崭新的面貌。后来人们为了纪念这位名师巨匠，把他尊为中国土木工匠的始祖。

（二）蔡伦（？～121年），字敬仲，东汉桂阳郡人。汉明帝永平末年入宫给事，章和二年（公元88年），蔡伦因有功于太后而升为中常侍，后又以位尊九卿之身兼任尚方令。蔡伦总结以往人们的造纸经验，革新造纸工艺，终于制成了"蔡侯纸"。元兴元年（公元105年）奏报朝廷，汉和帝下令推广他的造纸法。

蔡伦的造纸术被列为中国古代"四大发明"，对人类文化的传播和世界文明的进步作出了杰出的贡献，千百年来备受人们的尊崇。蔡伦被纸工奉为造纸鼻祖、纸神。麦克·哈特的《影响人类历史进程的100名人排行榜》中，蔡伦排在第七位。美国《时代》周刊公布的"有史以来的最佳发明家"中蔡伦上榜。2008年北京奥运会开幕式，特别展示了蔡伦发明的造纸术。

（三）李春是中国隋代著名的桥梁工匠，举世闻名的赵州桥就是他最伟大的杰作，这个浓缩了中国人民智慧结晶的标志性桥梁，开创了中国桥梁建造的崭新局面，为中国桥梁技术的发展作出了巨大贡献。

赵州桥的敞肩圆弧拱形式是中国劳动人民的一大创造，西方在14世纪才出现敞肩圆弧石拱桥，比中国晚了600多年。英国著名中国科学技术史专家李约瑟博士在其巨著《中国科学技术史》中曾经列举了26项从1世纪到18世纪先后由中国传到欧洲和其他地区的科学技术成果，其中的第18项就是弧形拱桥。赵州桥建成后成为中国南北交通的要冲，有"坦途箭直千人过，驿使驰驱万国通"的美誉。舟船在桥下航行，人马车辆从桥上驶过，大大方便了交通运输和人民生活，为洨河两岸人员来往提供了便利条件。

更多案例,请扫描二维码2-5-2阅读。

二维码 2-5-2

任务六 "美丽中国植此青绿"
——义务植树主题劳动实践

任务学习目标	建议课时	授课形式
◆ 了解热爱义务植树的意义 ◆ 了解常用植树绿化树种 ◆ 进行义务植树的劳动实践	4学时	实践

➢任务六　任务实践:义务植树　实践劳动(见实践活动工作页)

一、义务植树的由来

全民义务植树是中华人民共和国公民依法应当完成的、一定数量的、无报酬的植树劳动。1981年12月13日在北京召开的第五届全国人民代表大会第四次会议通过了《关于开展全民义务植树运动的决议》。1982年2月27日国务院发布《关于开展全民义务植树运动的实施办法》。

全民义务植树的一个重要意义就是让大家都树立"生态文明"的意识。生态文明是人类文明发展的一个新的阶段,即工业文明之后的文明形态;生态文明是人类遵循人、自然、社会和谐发展这一客观规律而取得的物质与精神成果的总和。

二、常用植树绿化树种

(一)乔木

1. 三球悬铃木

别名:法国梧桐、悬铃木。

学名：Platanus orientalis L.。

科属：悬铃木科悬铃木属。

形态：落叶大乔木，高20~30m，树冠阔钟形；干皮灰褐绿色至灰白色，呈薄片状剥落。叶掌状5~7裂。花序头状，黄绿色。多数坚果聚合呈球形。

习性：喜阳光充足、喜温暖湿润气候，略耐寒，较能耐旱耐湿。

分布：欧洲东南部及亚洲西部、中国各地区。

用途：优良的行道树种，广泛应用于城市绿化，在园林中孤植于草坪或旷地，列植于甬道两旁，尤为雄伟壮观。

2. 榆树

别名：白榆、家榆。

学名：Ulmus pumila L.。

科属：榆科榆属。

形态：落叶乔木，高达25m，胸径1m；树冠圆球形。树皮暗灰色，叶卵状长椭圆形，翅果近圆形，种子位于翅果中部。

习性：喜光，耐寒，抗旱，能适应干凉气候。

分布：产于东北、华北、西北及华东等地区，华北及淮北平原地区栽培尤为普遍；俄罗斯、蒙古国及朝鲜亦有分布。

用途：城市绿化主要树种，栽作行道树、庭荫树及防护林。

3. 国槐

别名：槐树。

学名：Styphnolobium japonicum (L.) Schott。

科属：豆科槐属。

形态：乔木高达25m，胸径1.5m；树冠圆形；干皮暗绿色，小枝绿色。小叶卵形至卵状披针形。圆锥花序，荚果串珠状。

习性：喜光，略耐阴，喜干冷气候；喜深厚、排水良好的砂质壤土；耐烟尘。

分布：中国北部较集中，辽宁、广东、台湾、甘肃、四川、云南也广泛种植。

用途：是城乡良好的遮阴树和行道树种，配植于公园、建筑四周、街坊住宅区及草坪上，也极相宜。

4. 银中杨

学名：Populus alba × P. berolinensis。

科属：杨柳科杨属。

形态：树干通直，皮灰绿色，披白粉；树冠呈圆锥形。树姿优美，叶大型，叶片两色，叶面深绿色，叶背面银白色，密生绒毛。

习性：抗旱，耐盐碱，耐寒。

分布：覆盖黑龙江、吉林、辽宁、内蒙古、河北、山西等省区100多个市县，成为国内推广面积最广的白杨派品种。

用途：银中杨适宜城乡绿化，用于行道树，可营造用材林、农田防护林、水土保持林、风景林等。

5. 垂柳

学名：Salix babylonica L.。

科属：杨柳科柳属。

形态：乔木，高达18m；树冠倒广卵形。小枝细长下垂，淡黄褐色。叶互生，叶狭披针形至线状披针形。

习性：喜光，喜温暖湿润气候及潮湿深厚的酸性、中性土壤。较耐寒，特耐水湿，但也能生于土层深厚的高燥地区。

分布：长江流域与黄河流域，华北、东北也有栽培，在亚洲、欧洲、美洲各国均有引种。

用途：用于行道树、庭荫树、固岸护堤树及平原造林树。

（二）灌木

1. 小叶黄杨

别名：珍珠黄杨。

学名：Buxus sinica var. parvifolia M. Cheng。

科属：黄杨科黄杨属。

形态：灌木，生长低矮，枝条密集，小枝四棱形，叶薄革质，阔椭圆形或阔卵形；头状花序。

习性：性喜温暖、半阴、湿润气候，耐旱、耐寒、耐修剪。

分布：分布于中国安徽（黄山）、浙江（龙塘山）、江西（庐山）、湖北（神农架及兴山）。

用途：是常用的观叶树种，其不仅是常绿树种，而且抗污染，能吸收空气中的二氧化硫等有毒气体，对大气有净化作用，特别适合在车辆流量较高的公路旁栽植。

2. 金叶女贞

别名：英国女贞、金边女贞。

学名：Ligustrum × vicaryi Rehder。

科属：木犀科女贞属。

形态：落叶灌木，株高2~3米。其嫩枝带有短毛。叶革薄质，单叶对生。新叶金黄色，因此得名为金边女贞，老叶黄绿色至绿色。圆锥花序。

习性：喜光，稍耐阴，适应性强，抗干旱，病虫害少，萌芽力强，生长迅速，耐修剪。

分布：分布于中国华北南部、华东、华南等地区。

用途：盆栽可用于门廊或厅堂处摆放观赏；园林中常片植或丛植，或做绿篱栽培。

3. 紫叶小檗

别名：红叶小檗。

学名：Berberis thunbergii 'Atropurpurea'。

科属：小檗科小檗属。

形态：落叶灌木，枝丛生，幼枝紫红色或暗红色，老枝灰棕色或紫褐色。叶小全缘，菱形或倒卵形，紫红到鲜红，叶背色稍淡。4月开花，花黄色。果实椭圆形。

习性：喜阳，耐半阴，但在光线稍差或密度过大时部分叶片会返绿。耐寒，但不畏炎热高温，耐修剪。

分布：中国各省市广泛栽培，各北部城市基本都有栽植。

用途：紫叶小檗是园林绿化的重要色叶灌木，常与金叶女贞、大叶黄杨组成色块、色带及模纹花坛。紫叶小檗可植于路旁或点缀于草坪之中，此外，紫叶小檗也是制作盆景的好材料。

4. 木槿

别名：荆条、朝开暮落花。

学名：Hibiscus syriacus L.。

科属：锦葵科木槿属。

形态：落叶灌木，高3~4m，小枝密被黄色星状绒毛。叶菱形至三角状卵形；花单生于枝端叶腋间，花朵色彩有纯白、淡粉红、淡紫、紫红等。蒴果卵圆形。

习性：较耐干燥和贫瘠，对土壤要求不严格，尤喜光和温暖潮润的气候。稍耐阴、喜温暖、湿润气候，耐修剪、耐热又耐寒。

分布：系中国中部各省原产，福建、广东、广西、云南、贵州、四川、湖南、湖北、安徽、江西、浙江、江苏、山东、河北、河南、陕西等省份均有栽培。

用途：木槿是夏、秋季的重要观花灌木，南方多作花篱、绿篱；北方作庭园点缀及室内盆栽。

5. 小叶丁香

别名：四季丁香。

学名：Sytinga microphylla Diels。

科属：木犀科丁香属。

形态：落叶灌木。高约2.5m。小枝、花序轴近圆柱形；叶片卵形、椭圆状卵形至披针形或近圆形、倒卵形；花冠紫红色，盛开时外面呈淡紫红色，内带白色。

习性：喜充足阳光，也耐半阴。适应性较强，耐寒、耐旱、耐瘠薄，病虫害较少。以排水良好、疏松的中性土壤为宜，忌酸性土。忌积涝、湿热。

分布：产自我国中部及北部，主要分布于河北、河南、山西、陕西、甘肃、辽宁及湖北等省。

用途：是我国北方各地园林应用最普遍的花木之一。适于种在庭园及风景区。可孤植、丛植或在路边、草坪、角隅、林缘成片栽植，散植于园路两旁，也可与其他乔灌木尤其是常绿树种配植。

实践活动任务书见表2-6-1。

义务植树　实践活动任务书　　　　　　　　表2-6-1

活动背景	3月12日是我国的法定植树节，我国有春季植树的优良传统，每年的三四月份都会有很多群众参与到植树造林的活动中去，植树是一项功在当代、利在千秋的壮举，同时它也是每一位公民应尽的义务。作为新时代的大学生，我们更有责任和义务去奉献自己、回报祖国，为祖国生态文明建设和应对环境污染作出自己的一份贡献。为了增强我校学生的社会责任感和环保意识，以及加强对国防知识和征兵政策的了解，我们决定进行一次以"了解国防知识，绿化祖国山川"为主题的义务植树活动
活动目的	在植树节期间开展义务植树活动，让广大在校学生投入到保护环境、绿化祖国的活动中去，并借此进行爱国主义宣传，普及国防知识和大学生征兵常识，能够很好地增强同学们的环保意识、生态意识以及社会责任感，加深他们对我国国防知识的了解，为接下来的征兵工作做好前期的宣传和准备
活动对象	全体学生
活动指导老师	专业课教师和辅导员
注意事项	1. 活动注意安全问题 2. 植树活动是环保行为，活动结束后应清理所带的垃圾，以免破坏原有环境 3. 参与者必须接受活动组织者的统一指挥、严密组织、分工协作、精心实施 4. 各活动组成员应认真对待自己所承担的每项任务，耐心处理面临的问题 5. 如果活动中出现自己不能解决的突发问题，请及时找活动负责人

项目三
诚实劳动　创造劳动

任务一　"从平凡到不平凡"
——劳模工匠人才故事分享

任务学习目标	建议课时	授课形式
◆ 弘扬劳模精神 ◆ 认知职业道德，提升职业素养	2学时	课堂讲授 扫描二维码3-1-1看微课视频 二维码 3-1-1

➤任务一　课内任务实践："弘扬劳模精神　提升职业素养"主题讨论（见实践活动工作页）

一、弘扬劳模精神

自党的十九大报告中提出"弘扬劳模精神和工匠精神"以来，劳模精神和工匠精神再次引起社会各界的高度关注，不仅成为学界研究的热点问题，更成为实践领域的焦点问题。但是，人们对于劳模精神和工匠精神的内涵，尤其对二者的关系认识还比较混乱。因此，按照党的十九大精神的要求和本着劳模精神和工匠精神的原始含义，深入理解新时代劳模精神和工匠精神的新内涵及其相互关系有着重大的理论价值和现实意义。

崇尚劳动、尊重劳动价值是马克思主义的重要价值观。中国共产党历来就高度重视劳动，倡导劳动精神。劳模精神和工匠精神作为劳动价值和劳动精神最直观的体现，是中华优秀传统文化与社会主义建设不同时期相互交融的结晶，其本质是以爱国主义为中心的民族精神和以变革立异为中心的时代精神，其内容是社会主义核心价值观的重要表现。这种精神是我们党作为工人阶级先锋队的本质属性所决定的，因此，大力弘扬劳模精神和工匠精神是我们党坚持人民主体地位，发挥工人阶级主力军作用，带领全国人民进行伟大斗争、建设伟大工程、推进伟大事业、实现伟大梦想的必然要求。党的十八大以来，党中央高度重视工人阶级，就大力弘扬劳模精神、劳动精神、工匠精神发表了一系列重要讲话，我们要深入学习贯彻讲话精神，弘扬劳模精神，提升职业素养。

每一个时代都会有那么一种人，他们身份普通、岗位平凡、业绩突出；他们艰苦奋斗、勇于创新、争创一流；他们爱岗敬业、淡泊名利、甘于奉献；他们来自于不同的岗位，从事着不同的职业，但却拥有着共同的精神；他们用自己的无私奉献和忘我劳动，为社会进步、为企业发展作出了巨大贡献；他们用自己的崇高品质和内在精神深深地影响着一代又一代人，激励着他们勇敢面对困难和挑战，团结奋斗、勇往直前。他们就是我们身边的模范和典型——一群在各自领域创造了非凡业绩，值得我们永远学习和尊敬的人。

知识链接：新中国的劳动模范人物

（一）邓稼先（1924~1986年），九三学社社员，中国科学院院士，著名核物理学家，中国核武器研制工作的开拓者和奠基者，为中国核武器、原子武器的研发作出了重要贡献，被称为"两弹元勋"。1999年，在中华人民共和国成立50周年之际，党中央、国务院、中央军委隆重表彰为我国"两弹一星"事业作出突出贡献的23位科技专家，追授邓稼先"两弹一星"功勋奖章；2008年，邓稼先当选为中国科学技术协会组织评选的中国十大传播科技优秀人物；2009年，他被评为"100位新中国成立以来感动中国人物"之一（图3-1-1）。

邓稼先用自己的一生，实践着科技强国的抱负和梦想。他是当之无愧的中国新一代优秀知识分子的光辉榜样。

（二）袁隆平（1930~2021年），1930年9月生于北平，1949年8月考入重庆相辉学院农学系。1953年3

图3-1-1 邓稼先

月毕业后分配到湖南省安江农校任教，在长达19年的教学生涯中，袁隆平一面教学，一面从事生产实践、选择课题进行科学研究，开始走上了作物育种之路（图3-1-2）。

图3-1-2　袁隆平

由于开展杂交水稻研究的需要，袁隆平1971年2月调到湖南省农业科学院专门从事杂交水稻研究工作。为加强和协调杂交水稻的科学研究，1984年6月成立了全国性的杂交水稻专门研究机构——湖南杂交水稻研究中心，后又成立国家杂交水稻工程技术研究中心，均由袁隆平任中心主任。1995年他当选为中国工程院院士。

图3-1-3　赵梦桃

（三）赵梦桃（1935～1963年），女，中共党员，西北国棉一厂细纱挡车工，1956年和1959年全国劳动模范，被树为全国纺织战线的一面红旗。她是中共八大代表，两次被授予全国先进生产者荣誉称号。2019年9月25日，被评选为"最美奋斗者"（图3-1-3）。

"高标准、严要求、行动快、工作实、抢困难、送方便"，这就是激励一代又一代纺织工人的"梦桃精神"。1951年，16岁的赵梦桃进入陕西西北国棉一厂。1952年5月，在学习"郝建秀工作法"活动中，赵梦桃以最优异的成绩第一个戴上了"郝建秀红围腰"。进厂不到两年，就创造了千锭小时断头只有55根、皮辊花率1.89%的好成绩，她第一个响应厂党委"扩台扩锭"的号召，看车能力从200锭扩大到600锭，生产效率提高了3倍。

赵梦桃提出了一个响亮的口号："不让一个伙伴儿掉队！"

在她的影响下，"人人当先进，个个争劳模"蔚然成风。从1952年到1959年，她创造了月月完成国家计划的先进纪录，还帮助12名同志成为企业的先进工作者。1959年，她和她的"赵梦桃小组"双双出席了全国群英会，成为纺织战线一面旗帜。1963年，赵梦桃又创造了一套先进的清洁检查操作法，这一操作法在陕西省全面推广。同年，这位全国劳动模范因患肺癌病逝，年仅28岁。

（四）王进喜（1923～1970年），中共党员，大庆油田石油工人。2019年9月25日，被评选为"最美奋斗者"。

1960年春，我国石油战线传来喜讯——发现大庆油田，一场规模空前的石油大会战随即在大庆展开。王进喜从西北的玉门油田率领1205钻井队赶来，加入了这场

图3-1-4 王进喜

石油大会战（图3-1-4）。

一到大庆，呈现在王进喜面前的是许多难以想象的困难：没有公路，车辆不足，吃和住都成问题。但王进喜和他的同事下定决心：有天大的困难也要高速度、高水平地拿下大油田。

在困难面前，王进喜带领全队靠人拉肩扛，把钻井设备运到工地，以"宁可少活二十年，拼命也要拿下大油田"的顽强意志和冲天干劲，苦干5天5夜，打出了大庆第一口喷油井。在随后的10个月里，王进喜率领1205钻井队和1202钻井队，在极端困苦的情况下，克服重重困难，双双达到了年进尺10万米的奇迹。在那些日子里，王进喜身患重病也顾不得到医院去看；钻井砸伤了脚，他拄着双拐指挥；油井发生井喷，他奋不顾身跳进泥浆池，用身体搅拌重晶石粉，被人们誉为"铁人"。

在大庆油田工作的10年中，王进喜为我国石油事业立下了汗马功劳，曾获"全国劳动模范"等光荣称号。王进喜身上体现出来的"铁人精神"，激励了一代代的石油工人。

知识链接：职业道德行为规范（图3-1-5）

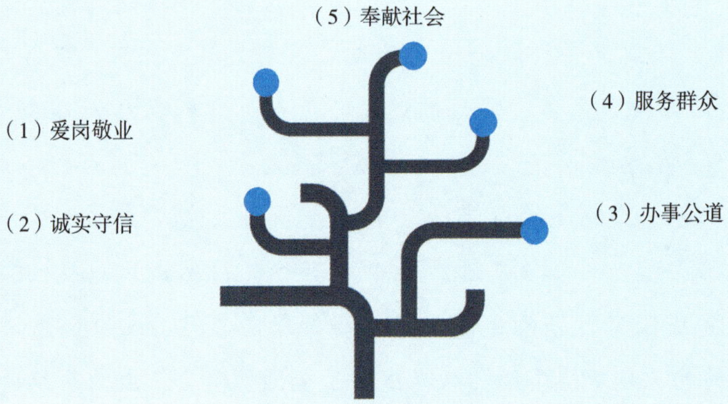

（1）爱岗敬业
（2）诚实守信
（3）办事公道
（4）服务群众
（5）奉献社会

图3-1-5 职业道德行为规范

二、提高职业道德修养

1. 树立正确的人生观

人生观是指人们对人生的根本看法和态度，包括对人生目的、人生价值和人生意义的基本看法和态度，它决定着人们实践活动的目标和人生道路的方向，也决定着人们行为选择的价值取向和对待生活的态度。树立正确的人生观是提高职业道德修养的前提。

2. 从日常生活的细微处做起，坚持点滴养成

优良的职业道德品质不是一夜之间能够养成的，是日积月累逐步培养起来的，是一个"积小善为大善"的修养过程。因此，我们要从日常生活的具体事情做起，在细微处下功夫。既要从点滴小事入手，培养自己良好的行为习惯，又要防微杜渐，随时克服和纠正自己不道德的思想和行为。

3. 坚持知行合一，读书学习

知行合一，即言行一致，强调所做的与所认知的保持一致，始终表里如一。表里如一是一个人的道德德行的根本体现。在某一方面、某时间内做到知行合一，尚不是难事，难得的是始终如一。所以立德也不是一时一刻的事情，而是每个人一生的追求。良好的职业道德要靠充实的理论知识树立。加强业务学习，多读书，读好书。通过读书，提高文化品位，增强学识修养。读史使人明智，读书使人聪慧，让知识增加个人思想内涵，用内涵提升职业精度。

4. 坚持内省、道德评价

"内省"是职业道德修养的重要方法。内省，即指自觉地进行思想约束，内心时时反省检查自己的言行。内省是靠自觉性来约束的，不自觉或自觉性不高就难以真正进行内在的自我反省。道德评价，简单地说，就是一种善恶评价，它从某种既定的或为某一社会、群体、集团、阶级所认同的道德价值准则出发，对人们的行为作出正当与否的评价。道德评价在社会生活中无所不及，只要有道德活动的地方，就有道德评价。道德评价包括两个方面，即道德的社会评价和道德的自我评价。道德的社会评价，也就是社会的道德舆论，是外在的压力；道德的自我评价，也就是人们对于自己行为所做的良心上的检查，这是内在压力。道德评价是职业道德建设中不可缺少的一项内容。它不仅对从业人员的职业活动、职业素质的提高，而且对全社会道德水平的提高，都有重大影响，这表现在：职业道德评价不仅是从业人员行为的道德价值的仲裁者，同时也是维护职业道德的保障；不仅可以促进职业道德素质的形成和发展，同时还可以有效地调节人际关系，其表现是褒扬善行、排除隔阂、斥责恶行。

任务二 "安全重于泰山"——劳动安全专题教育

任务学习目标	建议课时	授课形式
◆ 了解劳动安全和劳动保护的基本内容 ◆ 掌握必要的劳动安全常识 ◆ 了解劳动权利的法律规定 ◆ 遵守安全规程和劳动纪律 ◆ 提高环境保护意识	2学时	课堂讲授 扫描二维码3-2-1看微课视频 二维码 3-2-1

➢任务二 课内任务实践:劳动体验——我是校园保洁员(见实践活动工作页)

一、劳动安全和劳动保护的基本内容

劳动安全是指劳动者在生产劳动过程中的安全和健康没有受到威胁。不存在危险、危害的隐患,是免除了不可接受的损害风险的状态。全面完整地理解劳动安全的含义,不仅需要从保障劳动安全的多重主体立场去理解,还要了解劳动安全问题产生的原因。从不同主体来看,劳动安全保护是劳动者依法获得的基本劳动权利之一,在生产劳动过程中劳动者有权要求用人单位提供安全卫生的劳动条件,以保护自身的生命和健康;加强劳动保护,实现安全生产,保护劳动者生命和身体健康是用人单位应尽的法律义务;国家可以通过制定一系列劳动保护的法律和法规制度,督促用人单位履行法律责任,保障劳动者的劳动安全。

在实际的生产劳动过程中,劳动安全问题往往是多种因素综合作用的结果,需要综合治理。

从造成劳动安全问题的原因看,既有由于劳动者个人缺乏安全知识和安全意识从而操作失误等人为因素造成的安全事故,也有因生产环境和安全条件存在安全漏洞而出现的生产事故,还有人为因素和客观因素共同造成的事故。我们还可以将可能发生的劳动安全问题,按生产劳动岗位性质的不同,区分为以下几类:①在矿井中可能发生的瓦斯爆炸、火灾、水灾等;②在机械加工过程中可能发生的绞碾、电击伤;③在建筑施工过程中可能发生的高空坠落、物体打击;④在交通运输过程中可能发生的车辆伤害事故;⑤在有毒有害作业过程中可能发生的职业病害等。

除了上述因生产劳动的直接因素导致的劳动安全问题，广义的劳动安全问题还包括由间接因素导致的安全问题，如劳动者工作时间太长会造成过度疲劳、积劳成疾；女工从事过于繁重的或有害妇女生理卫生的劳动也会对女性劳动者的身体造成危害等。

由此可见，保障劳动安全不仅指在生产劳动过程中要防止中毒、车祸、触电、塌陷、爆炸、火灾、坠落、机械外伤等危及劳动者人身安全的事故发生，还要防止由不当的工作时间和工作强度造成的健康问题的产生。因此，为保障劳动者的劳动安全与卫生，不仅需要国家制定相关劳动保护的法律法规，对用人单位的生产安全进行严格管理，还需要劳动者个人掌握必要的劳动安全知识，自觉遵守生产劳动安全规范，养成劳动安全意识，做好个人安全保护。

劳动安全与卫生保护，又称劳动保护，是指根据国家法律、法规，依靠技术进步和科学管理，采取组织措施和技术措施，消除危及人身安全健康的不良条件和行为，防止事故和职业病，保护劳动者在劳动过程中的安全与健康。国家为保护劳动者在生产过程中的安全和健康制定各种法规，包括安全技术规程、劳动卫生规程、对女工和未成年工特殊保护以及各种劳动保护管理制度等。

在我国，劳动保护具有重大的政治、经济、社会意义，可以从以下三个方面去理解：①劳动保护是我们国家的一项重要政策，也是社会主义企业管理的一项基本原则。劳动人民是国家的主人，他们通过自己的劳动为国家创造巨大的物质财富，国家把对劳动人民在生产劳动过程中的保护放在重要地位。②劳动保护也是发展社会主义经济的重要条件。社会生产力是由人的因素和物的因素所构成的，而人是生产力中能动性活动的决定性因素，我们要保护和发展生产力，最重要的还是要保护劳动者，保护他们在生产过程中的安全与健康。③劳动保护是影响社会安定的重要因素。任何时候，出现安全事故，不但给国家经济带来损失，同时还会给家庭带来极大的不幸，甚至还会给社会带来不安定的因素，造成一定的社会影响。因此，政府要求把劳动保护工作贯穿在企业生产劳动的全过程，做到减少和消灭工伤事故，保障劳动者的劳动安全；保证劳动者有适当的休息时间，减轻劳动强度，减少职业危害，实现安全生产和文明生产。

二、掌握必要的劳动安全常识

保证劳动安全是劳动者的权利，政府和企业有义务依法提供符合安全卫生标准的劳动条件。为了养成自我劳动安全意识，大学生要学会识别和掌握必要的劳动安全与卫生常识，主要包括安全色与安全标志、个人防护装备的相关知识与使用方法。

（一）安全色与安全标志的识别

安全色和安全标志是在特定工作环境中，为了提醒劳动者做好防护而设置的。每一种安全色、每一个安全标志都具有特定的含义，需要我们正确识别（图3-2-1）。

图 3-2-1　施工现场安全警示牌

一是安全色。按照我国安全色标准规定，安全色有红色、蓝色、黄色、绿色四种。①红色表示禁止、停止，用于禁止标志。例如，机器设备上的紧急停止手柄或按钮及禁止触动的部位都使用红色。红色有时也用于防火。②蓝色表示指令，必须遵守。③黄色表示警告和注意。如厂内危险机器和警戒线、行车道中线、安全帽等。④绿色表示安全状态或可以通行。例如车间内的安全通道、行人和车辆通行标志，消防设备和其他安全防护设备都用绿色。

二是安全标志。安全标志分为禁止标志、指令标志、警告标志和提示标志四类。安全标志牌要求被放在醒目的地方。

（1）禁止标志：含义为禁止人们实施不安全行为。其基本形式为带斜杠的圆形框，圆环和斜杠为红色，图形符号为黑色，衬底为白色（图3-2-2）。

项目三 诚实劳动 创造劳动 083

图 3-2-2 禁止标志

（2）指令标志：含义是强制人们必须做出某种动作或采用防范措施。其基本形式是圆形边框，图形符号为白色，衬底为蓝色（图3-2-3）。

图 3-2-3　指令标志

（3）警告标志：提醒人们对周遭环境引起注意，以避免可能发生的危险。其基本形式为正三角形边框，三角形边框及图形符号为黑色，衬底为黄色（图3-2-4）。

图 3-2-4　警告标志

（4）提示标志：向人们提供某种信息，如标明安全设施或场所。其基本图形是正方形边框，图形符号为白色，衬底为绿色（图3-2-5）。

图 3-2-5　提示标志

（二）个体防护装备相关知识及使用方法

个体防护装备知识对于预防事故伤害和减少职业危害具有重要意义。为了提高劳动安全意识，我们不仅要了解劳动岗位需要什么样的劳动保护用品，还要了解个体防护装备的正确佩戴和使用方法。

我国实行以人体防护部位为依据的分类标准，将个体防护装备分成9类，见表3-2-1。

个体防护装备及其使用　　　　表3-2-1

个体防护	举例	作用及使用要求
头部防护装备	安全帽、防寒帽等	为了防御头部受外来物体打击，安全帽在使用时应戴正、戴牢，锁紧帽箍，配有下颌带的安全帽应系紧下颌带，确保在使用中不发生意外脱落；帽内缓冲衬垫的带子要结实，人的头顶与帽内顶部间隔不能小于50毫米；每次使用前应认真检查安全帽，若发现有破损情况，就要立即更换。进入施工现场，必须戴好安全帽
呼吸防护装备	防尘口罩、自吸过滤式防毒面具等	其作用为防御缺氧空气和（或）空气污染物进入呼吸道。其中，防尘口罩可有效防止粉尘的吸入，而防毒面具则可防御有毒、有害气体或蒸汽、颗粒物（如毒雾、毒烟）等对呼吸系统或面部的危害。使用防毒面具要注意正确选择过滤件
眼面部防护装备	焊接护目镜，炉窑眼面防护具和防冲击护目镜等	用于防御电磁辐射、紫外线及有害光线、烟雾、化学物质、金属火花和飞屑、尘粒，抗机械和运动冲击等伤害眼睛、面部和颈部
听力防护装备	耳塞、耳罩等	预防噪声对人体的不良伤害，避免作业者的听力损伤
手部防护装备	一般工作手套、防酸碱手套、绝缘手套等	在不适合以手直接接触机械、机具、液体以及可能导致手部受伤的情况下，必须戴合适的手套。佩戴手套时应将衣袖口套入手套内，以免发生意外。操作转动机械作业时，禁止使用编织类防护手套

续表

个体防护	举例	作用及使用要求
足部防护装备	防水鞋、低温环境作业保护靴、防静电鞋、防酸碱鞋、电绝缘鞋等	其作用是保护穿用者的小腿及脚部免受物理、化学和生物等外界因素伤害
躯干防护装备	一般防护服、防水服、防寒服、阻燃防护服、防辐射服等	用于防御物理、化学、生物等外界因素伤害
皮肤防护装备	防水型护肤剂、洁肤型护肤剂、遮光型护肤剂等	防御物理、化学、生物等有害因素损伤皮肤或引起皮肤疾病。主要作用是遮光、防油、防酸、防碱等
坠落防护装备	安全带、安全网等	防止作业人员从高处坠落或受高处落物伤害

个人防护装备使用的注意事项：第一，根据作业场所的危害因素及其危害程度，正确选用防护用品；第二，通过教育培训，做到"三会"，即会检查防护用品的安全可靠性，会正确使用防护用品，会维护、保养防护用品；第三，严禁故意或无故弃用防护用品，确保个人防护用品状况良好，如有损坏，应立即向管理人员报告，及时更换；第四，用于急救的呼吸器要定期检查，确保有效。同时，应将其妥善存放在可能发生事故的邻近处，以便取用。

三、劳动权利的法律规定

（一）劳动权利的内容

我国宪法规定，中华人民共和国公民有劳动的权利和义务。

《中华人民共和国劳动法》（以下简称《劳动法》）规定，劳动者享有的劳动权利有：①平等就业和选择职业的权利：地方各级人民政府应当采取措施，发展多种类型的职业介绍机构，提供就业服务；劳动者就业，不因民族、种族、性别、宗教信仰不同而受歧视；妇女享有与男子平等的就业权利；禁止用人单位招用未满16周岁的未成年人；等等。②取得劳动报酬的权利：工资分配应当遵循按劳分配原则，实行同工同酬；国家实行最低工资保障制度。不得克扣或者无故拖欠劳动者的工资；劳动者在法定休假日和婚丧假期间以及依法参加社会活动期间，用人单位应当依法支付工资。法定休假日安排劳动者工作的，支付不低于工资的百分之三百的工资报酬；等等。③休息休假的权利：每日工作时间不超过8小时、平均每周工作时间不超过44小时；用人单位应当保证劳动者每周至少休息1日；元旦、春节、国际劳动节、国庆节以及法律、法规规定的其他休假节日应当依法安排劳动者休假；劳动者连续工作1年以上的，享受带薪休假；等等。④获得劳动安全卫生保护的权利：用人单位必须建立、健全劳动安全卫生制度，严格执行国家劳动安全卫生规程和标准，对劳动者进行劳动安全卫生教育，防止劳动过程中的事故，减少职业危害；劳动安全卫生设施必须符合国家规定的标准；劳动者对用人单位管理人员违章指挥、强令冒险作业，有权拒绝执行；对危害生命安全和身体健康的行为，有权提出批评、检举和控告；等等。⑤接受职业技能培训的权利：国家通过各种途径，采取各种措施，发展职业培训事业，开发劳动者的职业技能，提高劳动者素质，增强劳动者的就业能力和工作能力；各级人民政府应当把发展职业培训纳入社会经济发展的规划，鼓励和支持有条件的企业、事业组织、社会团体和个人进行各种形式的职业培训；用人单位应当建立职业培训制度，按照国家规定提取和使用职业培训经费，根据本单位实际，有计划地对劳动者进行职业培训；等等。⑥享受社会保险和福利的权利：国家发展社会保险事业，建立社会保险制度，设立社会保险基金，使劳动者在年老、患病、工伤、失业、生育等情况下获得帮助和补偿；用人单位和劳动者必须依法参加社会保险，缴纳社会保险费；劳动者在退休、患病、负伤、因工伤残或者患职业病、失业、生育等情形下，依法享受社会保险待遇；等等。⑦提请劳动争议处理的权利以及法律规定的其他劳动权利（详细内容见本项目任务五）。

（二）女性职工的特殊劳动保护

女性职工特殊劳动保护是针对女性职工的生理特点所进行的特殊保护，其目的在于防止不良的劳动条件对女性职工健康，尤其是对生育系统和生育功能的影响。

国家法律规定，用人单位不得以结婚、怀孕、产假、哺乳等为由，辞退女职工或者单方解除劳动合同。不得在女职工孕期、产期、哺乳期降低其基本工资或者解除劳动合同。禁止安排女职工从事矿山井下、国家规定的第四级体力劳动强度的劳动和其他禁忌从事的劳动。

女性职工的"四期"保护：①经期保护。不得安排女职工在经期从事高处、低温、冷水作业和国家规定的第三级体力劳动强度的劳动。②孕期保护。不得安排女职工在怀孕期间从事国家规定的第三级体力劳动强度的劳动和孕期禁忌从事的劳动。对怀孕7个月以上的女职工，不得安排其延长工作时间和夜班劳动。③产期保护。女职工生育享受不少于90天的产假。④哺乳期保护。不得安排女职工在哺乳未满1周岁的婴儿期间从事国家规定的第三级体力劳动强度的劳动和哺乳期禁忌从事的其他劳动，不得安排其延长工作时间和夜班劳动。

(三)职业院校实习生应切实维护自身劳动权益并保障劳动安全

教育部等八部门联合印发的《职业学校学生实习管理规定》明确规定:①职业学校、实习单位、学生三方未按照规定签订实习协议的,不得安排学生实习;②不得安排学生到酒吧、夜总会、歌厅、洗浴中心等营业性娱乐场所实习;③不得安排学生加班和上夜班;④在实习岗位相对独立参与实际工作、初步具备实践岗位独立工作能力的学生,原则上应不低于本单位相同岗位工资标准的80%或最低档工资标准;⑤职业学校和实习单位不得向学生收取实习押金等。

此外,实习生在实习期间注意劳动安全,应该做到:①严格遵守工作纪律,坚持做到不迟到、不早退、不串岗、不脱岗,顶岗工作期间不办私事,工作之余不私自外出,遇事请假;②加强安全防范意识,注意交通安全、防触电、防溺水、防中毒、防雷电;③严格遵守岗位操作规程和安全管理制度,严防机械事故、人身伤亡事故等工作责任事故及人身安全事故的发生;④在实习过程中,严格检查设备和场地,凡发现不符合安全生产要求,有进入危险厂房、接触危险设备、进入危险场地可能的,学生应及时向实习指导教师反映,有权停止操作,待检查合格后再进行操作。

四、遵守安全规程和劳动纪律

(一)遵守劳动安全卫生操作规程是劳动者应尽的义务与责任

在社会主义制度下,劳动者的权利与义务相互依存、不可分离,两者是统一的,任何权利的实现总要以义务的履行为条件。认真学习《劳动法》,不断增强劳动法律意识,劳动者才能懂得依法维护自己的合法权益。

《劳动法》规定:劳动者在劳动过程中必须严格遵守安全操作规程。国家制定的安全卫生操作规程,是劳动者在劳动过程中生命安全、身体健康的法律保证,也是进行正常生产活动、维持企业正常运转的保障。劳动者在劳动过程中既享有劳动保护的权利,又负有执行劳动安全卫生操作规程的义务。劳动者只有严格遵守安全卫生方面的规定,文明生产、安全生产,才能保障生产顺利进行,劳动者自身的生命安全和身体健康,也才有切实保障。

劳动者在劳动过程中要自觉执行劳动安全卫生规程,必须做到:①遵守劳动纪律:劳动纪律是组织社会劳动的基础,是进行共同工作所需的。它要求劳动者在共同劳动过程中遵守一定的规则和秩序,听从管理者的指挥和调度。它是每个劳动者按照规定的时间、质量、程序和方法完成自己所承担的生产任务或工作任务的行为准则；②遵守职业道德：职业道德是所有从业人员在职业活动中应该遵循的行为准则，涵盖了从业人员与服务对象、职业与职工、职业与职业之间的关系。我国的职业道德，是以为人民服务为核心的社会主义道德在职业活动中的体现。其基本要求是：爱岗敬业、诚实守信、办事公道、服务群众、奉献社会；③执行劳动安全卫生规程：执行劳动安全卫生规程不仅对劳动者的生命和健康有利，也能防止、消除生产过程中的各种职业危害，保证生产顺利进行。

（二）遵守日常安全防范措施是大学生劳动保护的重要内容

大学生应当经常参加生产劳动，学习并掌握一定的劳动技能，培养热爱劳动的思想品质。在劳动中，大学生一定要把安全放在第一位，做到遵守纪律、服从管理、听从指挥，不要随意行动。劳动时不要用劳动工具嬉笑打闹、互相追逐，以防对自己或他人造成伤害。

大学生在劳动中保护自己安全需做到以下几点要求。①服装得体：要换好适合劳动的服装，服装以透气、舒适为宜。②正确使用工具：要熟悉劳动工具的正确使用方法，避免因方法不当而对自己或他人造成伤害。③了解安全常识：劳动准备中最重要的一项，就是要了解该项劳动的安全常识，避免在劳动中发生危险情况。④遵守劳动纪律：服从分配听指挥，劳动时不和同学玩耍、打闹，特别是使用工具时严禁嬉戏、追逐、打闹；必须在指定范围内参加劳动；不擅自改变劳动的有关规定。⑤虚心请教：掌握劳动要领不仅能提高劳动的速度和质量，而且能避免事故的发生，要做到认真听老师或师傅讲课，记住劳动的程序，领会劳动的操作要领。在劳动过程中，要虚心接受指导，及时改正不正确的动作，遇到不会操作的地方要及时请教。⑥切忌蛮干，量力而行：各人的体质不同，力气有大有小，盲目蛮干会伤害身体，要注意保护身体。⑦远离危险物品：劳动时不要接触有害物质，如硫酸、农药等，不随便触摸和玩弄电器、电源开关等。应远离没有防护装置的传送带、砂轮、电锯等危险劳动工具，以免发生意外。注意个人卫生，尤其是在劳动中接触农药等有害物质后，要及时洗手，避免因不小心导致农药中毒。

五、提高环境保护意识

（一）环境保护的内容

人类的生存和发展离不开环境。然而，人类在谋求自身的生存和发展的同时，不断造成生态破坏和环境污染。随着人类改造自然的力量日渐强大，人类对环境的破坏变得日益严重。人类不能以牺牲环境为代价换来一时的经济繁荣，不能对大自然苛求无休。人类既不是大自然的奴仆，也不是大自然的主宰，人类应秉持可持续发展的理念，在谋求生存与发展的同时，认识和解决好环境问题，保护环境。

环境是指围绕着人类的外部世界，是人类赖以生存和发展的社会和物质条件的综合体。人类环境有别于其他物质环境，包括自然环境和社会环境两大部分。①自然环境，又称天然环境，由各种自然要素组成。早在人类出现以前，自然环境就已经经历了漫长的发展过程，自人类出现后，自然环境就成为人类生存和发展的主要条件。目前，地球上的纯自然环境已不多见；②社会环境，又称人工环境，是指人类根据生活和生产需要，对自然环境进行加工改造后的环境。按照人类对环境的利用或环境的功能，社会环境可分为居住环境、生产环境、交通环境、文化环境和旅游环境。随着科学的发展、社会的进步以及人类活动在深度和广度上的不断扩大，社会环境的内容正在不断丰富。

环境保护简称环保，一般是指人类为解决现实或潜在的环境问题，协调人类与环境的关系，保护人类的生存环境，保障经济社会的可持续发展而采取的各种行动的总称。环境问题是当今世界的热门话题之一，一般是指在人类社会经济活动的作用下，环境向不利于人类生存和发展的方向变化而导致的一系列问题。广义的环境问题，既包括人为原因产生的环境问题，也包括自然原因产生的环境问题。当今全球正在关注的环境问题主要有温室效应增强、全球气候变暖、酸雨蔓延、森林锐减、水体污染、土地荒漠化面积扩大、垃圾污染等。

知识链接：垃圾分类是环境保护的重要内容

垃圾分类一般是指按一定规定或标准将垃圾分类储存、分类投放和分类搬运，从而转变成公共资源的一系列活动的总称。随着人们生活水平的提高和消费的增加，垃圾大量增加，如果处理不当，就会污染环境、传播疾病、损坏土壤、侵占耕地等，严重影响人们的生活质量与社会的可持续发展。垃圾分类处理不仅可以减少土地资源的消耗，减少污染，还可以变废为宝，提高垃圾的资源价值和经济价值，做到物尽其用。因此，垃圾分类是环境保护的重要内容，为减少垃圾带来的环境破坏，有效利用资源，做好垃圾分类是每一位公民应尽的义务。垃圾分类已经成为世界性的潮流。

勤俭节约、变废为宝是中华民族的传统美德。近年来，我国政府从国家层面加速推进垃圾分类制度，2017年国家发展改革委、住房和城乡建设部公布，将在全国46个重点城市推行垃圾分类制度。2019年7月1日《上海市生活垃圾管理条例》正式实施，上海开始普遍推行强制垃圾分类，按上海市绿化和市容管理局发布的生活垃圾分类投放指南，生活垃圾分为"湿垃圾""干垃圾""可回收物"和"有害垃圾"（表3-2-2）。按规定，如果没有将垃圾分类投放到指定垃圾桶内，就会受到行政处罚。个人没有将垃圾分类投放最高罚款200元人民币，单位混装混运垃圾最高罚款5万元人民币。2020年12月10日~11日，全国城市生活垃圾分类工作现场会召开。会议提到，46个重点城市已基本建成生活垃圾分类系统，其中，25个城市已出台生活垃圾管理条例。

生活垃圾分类　　　　　　　　　　表3-2-2

湿垃圾	干垃圾
主要包括食材废料、剩饭剩菜、过期食品、瓜皮果核、花卉绿植、中药药渣等。如谷物及其加工食品、肉蛋及其加工食品、水产及其加工食品、蔬菜、调料、酱料、火锅汤底、鱼骨、碎骨、茶叶渣、咖啡渣、中药药渣、糕饼、糠果、风干食品、粉末类食品、宠物饲料、水果果肉、水果果皮、水果茎枝、果实、家养绿植、花卉、花瓣、枝叶等	主要包括餐巾纸、卫生间用纸、尿不湿、烟蒂、狗尿垫、猫砂、污损纸张、污损塑料、尼龙制品、编织袋、大骨头、灰土、太空沙、硬贝壳、一次性餐具、陶瓷制品、毛巾、竹制品、硬果壳、毛发、防碎气泡膜、橡皮泥、创可贴、内衣裤、胶带等
可回收物	有害垃圾
主要包括废纸张、废塑料、废玻璃制品、废金属、废织物及其他。如报纸、纸板箱、书本、纸塑铝复合包装、纸袋、信封、塑料瓶、玩具、食品保鲜袋、乳液罐、衣架、泡沫塑料、酒瓶、玻璃杯、碎玻璃、窗玻璃、玻璃放大镜、刀、易拉罐、锅、指甲钳、螺丝刀、皮鞋、衣服、床单、枕头、毛绒玩具、电路板、电线、插座、砧板、木积木等	主要包括废镍镉电池和废氧化汞电池、废荧光灯管、废弃药品及其包装物、废油漆和溶剂及其包装物、废杀虫剂、消毒剂及其包装物、废含汞温度计、废含汞血压计、废胶片及废相纸等。如充电电池、镍镉电池、铝酸电池、蓄电池、纽扣电池、节能灯、荧光灯、卤素灯、过期药物、药品内包装、药片、药物胶囊、染发剂壳、废油漆桶、过期指甲油、洗甲水、水银血压计、水银体温计、消毒剂、老鼠药、杀虫喷雾、X光片等感光胶片、相片底片等

我们每个人都是垃圾的制造者，又是垃圾的受害者，但我们更应该是垃圾公害的治理者。因此，我们应自觉遵守垃圾分类规定，在家中、学校或社区产生垃圾时，按要求做到将垃圾分类贮存或投放，并注意做到：①收集垃圾时，密闭收集，分类收集，防止二次污染，收集后及时清理作业现场，清洁收集容器和分

类垃圾桶。若采用非垃圾压缩车直接收集的方式，那么在垃圾收集容器中内置垃圾袋；②垃圾投放前，纸类尽量叠放整齐，避免揉团；瓶罐类物品尽可能在容器内产品用尽后将其清理干净再投放；厨余垃圾做到袋装、密闭投放；③垃圾投放时，按垃圾分类标志的提示，分别投放到指定的地点和容器中。玻璃类物品小心轻放，以免破损；④垃圾投放后，注意盖好垃圾桶上盖，以防止蚊蝇滋生，污染周围环境。

（二）树立环境保护意识

在环境问题日益突出的今天，我们应当树立正确的环境保护意识，采取社会的、经济的、技术的综合措施，合理利用自然资源，防止环境污染和生态破坏，以促进经济和社会的可持续发展。环境保护需要公众参与，任何公民都有依据一定的法律程序，参与保护环境的权利和义务。青少年应该成为环境保护和可持续发展的重要推动力量，遵循一定的行为准则，积极参与环境保护活动。

（1）崇尚绿色消费。绿色消费又称"可持续消费"，是一种以适度节制消费，避免或减少对环境的破坏，崇尚自然和保护生态等为特征的新型消费行为和过程。随着人们环境意识的增强，越来越多的个人和家庭以实际行动响应绿色消费模式。绿色消费的内容非常宽泛，不仅包括绿色产品，还包括物资的回收利用、能源的有效使用、对生存环境和物种的保护等，可以说涵盖生产行为、消费行为的方方面面。

崇尚绿色消费，要求我们在进行衣食住行的消费时自觉避开6类产品：①危及消费者或他人健康的产品；②在生产、使用或废弃过程中明显伤害环境的产品；③在生产、使用或废弃期间不相称地消耗大量资源的产品；④从濒临灭绝的物种中获得材料制成的产品；⑤乱捕滥杀所得的动物；⑥对其他国家特别是发展中国家造成不利影响的产品。

（2）参与创建绿色学校。绿色学校是指在学校管理、学校课程、学校环境、学校与社区的关系方面，都符合环境保护要求的学校。作为一名职业院校的学生，我们要利用自身的专业优势，努力在实践中形成良好的环境观，从我做起，创建一个理想的环保型教室，为创建绿色学校发挥自己的聪明才智。

（3）协助创建绿色社区。社区是公众参与环境保护最基本的单位。所谓绿色社区，是指具备了一定符合环保要求的硬件设施，建立了较完善的环保管理体系和公众参与机制的社区。

在日常生活中,我们要养成环保意识和良好的生活习惯。比如,以节水为荣,随时关上水龙头,别让水空流;随手关灯,省一度电,就可以少一份污染;减少空调使用,降低能源消耗;做"公交族",以乘坐公共交通工具为荣;自备购物袋,少用塑料袋;拒食野生动物,改变不良的饮食习惯,为环境保护作出自己的一份贡献。

任务三 "美丽乡村由我规划"
——参与乡村振兴主题劳动实践

任务学习目标	建议课时	授课形式
◆ 丰富学生的假期文化生活,拓宽学生的视野,对其人生观、价值观的树立进行职业引导 ◆ 锻炼培养大学生们关心社会、热爱社会、回报社会的精神和奉献社会、服务社会的意识。为更好地适应社会打下坚实的基础,积累丰富的实践经验 ◆ 充分利用大学生的社会效应,营造良好社会氛围	12学时	实践

➢ 任务三 实践:"三下乡"社会实践(见实践活动工作页)

一、"三下乡"的概念

1996年始,中央宣传部、中央文明办、教育部、科技部、司法部、农业部、文化部、卫生部、国家人口计生委、广播电影电视总局、新闻出版总署、共青团中央、全国妇联和中国科协等14部委联合开展了大学生"三下乡"活动。

大学生"三下乡"是指"文化、科技、卫生"下乡,是各高校在暑期开展的一项意在提高大学生综合素质的社会实践活动。

二、"三下乡"活动起源

20世纪80年代初,团中央首次号召全国大学生在暑期开展"三下乡"社会实践活动,随后逐步在各高校展开,时至今日已成为各大高校锻炼学生社会实践能力的一种重要的常规性活动，也是考核学生综合素质的重要指标。

2004年，中共中央、国务院《关于进一步加强和改进大学生思想政治教育的意见》（中发〔2004〕16号）发布；2005年，共青团中央、教育部制定了《关于进一步加强和改进大学生社会实践的意见》（中青联发〔2005〕3号），文件第四条提出："文化、科技、卫生'三下乡'和科教、文体、法律、卫生'四进社区'活动，是新形势下大学生参加社会实践的有效载体。要广泛发动大学生利用寒暑假等时间开展'三下乡'和'四进社区'活动。高校要更加主动地与地方沟通，进一步明确实践服务的内容，根据需求选派相关专业的大学生组成团队，为群众办实事、做好事、解难事。当地团组织要在党政的领导和支持下，与有关部门协调配合，安排好活动的时间、地点和具体内容。活动所在单位要对大学生的表现作出鉴定。"

三、"三下乡"活动目的

活动成员以志愿者的形式深入农村，传播先进文化和科技，体验基层民众生活，调研基层社会现状。通过一系列实践活动以期提高大学生的社会实践能力和思想认识，同时更多地为基层群众服务。

四、"三下乡"活动流程

1. 确定主题。拟定实践主题对社会实践非常重要，它是整个实践活动的思想指导。好的实践主题必须联系实际，切忌空谈和夸张。

2. 拟订策划。确定实践主题后必须根据主题思想拟定详细的活动策划，策划以书面或电子文档形式拟定。活动策划的优劣直接关系到整个活动成败，它规定了活动的具体内容和活动形式以及各种注意事项等。

3. 提出申请。向所在学校或学院提出书面申请，同时上交活动策划并领取"三下乡"实践表格。

4. 活动进行过程。

5. 撰写总结。实践结束后，成员需要就实践活动作出总结，撰写实践总结报告并上交。实践总结报告应包括实践者对整个实践活动的基本描述、实践心得以及实践评价。

五、"三下乡"活动形式

大学生的"三下乡"社会实践活动涉及面广,内容丰富,形式多样。活动可以是单人形式,也可以以小组形式进行,一般来说小组形式更加有利于实践活动的展开和成功。各大高校的暑期"三下乡"基本以支教和调查为主。

六、"三下乡"活动意义

大学生"三下乡"使大学生能够将自己在校所学的先进科学的生活观念在广大农村传播,紧密结合他们所学专业技术知识,在农村开展多种形式的先进科技文化知识和生活观念的宣讲活动。大学生参与新农村建设的进程,为大学生了解中国国情开启了一扇窗口,密切了高等教育与新农村建设的关系,同时提高了大学生的社会实践能力和综合素质,为国家未来的发展培养了优秀人才。

大学生是我国科学技术发展的后备军,应该发挥知识技能的优势,为农村建设服务,为农民群众服务。广大的农村需要大学生去发挥聪明才智,大学生也需要到农村去,在服务农民群众的实践中接触社会,了解国情,增强社会责任感和历史使命感。通过"三下乡",大学生可以改造世界观、价值观,把农村建设的需要和青年学生的成长很好地结合起来,走正确的成长成才道路。此外,"三下乡"活动架起了党和政府与农民群众之间的又一座桥梁,通过青年学生的下乡服务,体现出党和政府对农民群众生产生活的关心。

知识链接:"三下乡"项目演练(村庄规划设计)——踏遍青山绿水 继承红色精神 助力乡村振兴

1. 实训项目一:村庄规划

实训目标:根据村庄实际情况进行村庄规划设计

实训要求:

①利用专业知识,结合国土空间规划中村庄规划编制要求,调研分析村庄现有内容,编制村庄规划设计项目,整体改善乡村生活环境;

②掌握村庄规划工作流程;

③深入村庄走访调研，掌握现场调研多种方法。

实训成果：

提交一份村庄规划方案。

实训步骤：

①分组：6~8人一组；

②制作调研问卷，进行现状调研，收集村庄现有资料数据；

③各小组模拟村庄规划工作流程，讨论分析调研数据，确定规划方案；

④每组成员分工以PPT的形式向所有同学展示，并提交书面材料；

⑤教师对每组的PPT演示文稿予以评价；

⑥同学互评，教师进行适当点评并进行实训总结；

⑦教师对各项目小组及各成员进行综合成绩评定。

2. 实训项目二：农村新建单体民宅建筑设计或老旧民宅建筑改造设计

实训目标：根据村庄实际需求情况进行单体民宅建造与改造

实训要求：

①利用专业知识，结合居民当地建筑风格及其经济状况，设计适合村民生活的民宅建筑；

②掌握农村单体民宅建筑的设计、施工流程；

③深入村庄走访调研，掌握现场调研多种方法；

④提交一份针对性强的农村单体民宅设计方案。

实训步骤：

①分组：6~8人一组；

②制作调研问卷，进行现状走访，收集村民建设意愿；

③各小组模拟建筑设计工作流程，讨论分析设计，确定建筑单体方案；

④每组成员分工以PPT的形式向所有同学展示，并提交书面材料；

⑤教师对每组的PPT演示文稿予以评价；

⑥同学互评，教师进行适当点评并进行实训总结；

⑦教师对各项目小组及各成员进行综合成绩评定。

实训成果：

提交一份农村单体民宅设计方案。

任务四　"诚信赢天下"——尊重劳动成果专题教育

任务学习目标	建议课时	授课形式
◆ 了解劳动成果的来之不易 ◆ 合理使用劳动成果 ◆ 保存和积累劳动成果 ◆ 尊重劳动者	2学时	课堂讲授 扫描二维码3-4-1看微课视频 二维码 3-4-1

➢任务四　课内任务实践：尊重劳动成果主题班会（见实践活动工作页）

一、尊重劳动者

（一）尊重劳动成果的实质是尊重劳动者

任何一项劳动成果都要依靠劳动者的辛勤劳动去获得。从铁矿石到支撑摩天大楼的钢铁，从沙子到手机里的芯片，从甘蔗或甜菜到手中精美的糖人，正是不同岗位劳动者的智慧和汗水，将丰富的自然资源转化为服务人类生产生活的物品。

不同劳动成果所承载的劳动，即马克思所说的"无差别的人类劳动"，在本质上没有区别。它也被称为"抽象劳动"，指的是撇开具体形式的人类劳动。抽象劳动没有质的差别，只有量的差别。有些劳动成果所耗费的劳动较少，有些劳动成果则需要投入大量的人、财、物进行制作或创造。以航天工程为例，用于服务"嫦娥四号"在月球着陆的"天马望远镜"，其核心部件——钢码盘的工作精度要求是0.004毫米。而哪怕偏差了0.001毫米，"嫦娥四号"都将无法在月球着陆。通过磨床加工精度只能达到0.02毫米。为了实现0.004毫米的精度，钳工通过手动打磨的方式，硬是将钢码盘从0.02毫米打磨到了0.004毫米，相当于头发丝直径的十分之一。这不仅需要劳动者有高超的技艺，更需要劳动者有耐心和毅力。此外，我们所熟知的国产大飞机C919、复兴号高铁列车、液化天然气船（LNG船）等，都是十分宏大的研发和制造工程，耗费了人类的大量劳动。

然而，即使一些看起来不起眼的劳动成果，其实也都凝结着不可小视的宝贵劳动。江苏宜兴的紫砂壶是国家级非物质文化遗产。一把小小的紫砂壶，其制作过程要经历"打泥片和泥条——划泥片——围身筒——打身筒——调脂泥——做壶把——钻嘴眼——校正口、嘴、把——修整壶嘴、刮光壶肩、壶嘴、壶把——划开壶口并修整——光整壶体内部——钤上印章——自然干燥后进窑高温烧制"等十几道甚至几十道工序，每一道工序的完成都凝结着制作者数十年的训练和摸索。此外，快递和外卖"小哥"精心计算派送时间和路径，争取用最短的时间将包裹安全送到客户手中；每天，我们通行的马路、乘坐的公交，都需要环卫工人和司乘人员按时清洁。正是这些看似"不起眼"的劳动，为我们营造了舒适的生活环境。这些劳动成果中所蕴含的劳动是无差别的，因此，我们不仅要珍惜身边的每种劳动成果，更要尊重每一位付出劳动的人。正是他们的用心劳动，才构筑起现代社会的美好生活。

（二）树立正确的人才观

尊重每一位劳动者，要求我们树立正确的人才观。无论是在工厂里从事一线工作的工人，学校里教书育人的教师，还是政府部门的工作人员，他们都是平等的劳动者，是以不同方式为社会作出贡献的人。这是一个"不唯学历凭能力"的时代，只要肯劳动、会劳动、勤劳动，在任何岗位上都可以发光发热。

为了在全国弘扬劳动光荣的时代风尚，我国自1950年开始在全国范围内评选劳动模范。在2020年评选出的劳动模范中，人选基本涵盖各个领域和行业，尤其是来自基层一线的比例较高，其中一线工人和企业技术人员847人，占企业职工和其他劳动者的71.1%，比原定比例高出14.1个百分点；农民工216人，占农民人选的43.2%，比原定比例高出18.2个百分点。同时还推荐评审出300名奋战在抗击新冠肺炎一线的先进个人，他们逆行出征、无私无畏，作出了突出贡献。正是这些劳模，锻造出了"爱岗敬业、争创一流、艰苦奋斗、勇于创新、淡泊名利、甘于奉献"的劳模精神，鼓舞着每一代中国人为建设社会主义现代化强国而努力奋斗。

二、合理使用劳动成果

（一）合理使用自己的劳动成果

珍惜劳动成果，首先要学会合理消费和使用自己的劳动成果。"勤俭节约"是中华民族的传统美德。中国共产党从"小红船"到"土窑洞"靠艰苦奋斗、勤俭节约的优良作风，历久弥新、永不过时。勤俭节约包含两层意思："勤劳而节俭"。我们既要在工作、学习和生活中热爱劳动、勤奋劳动，又要合理地使用自己的劳动成果，避免造成不必要的浪费。例如，当代青年中存在的"月光族"群体，不注重对财富的积累和增值，而是片面地强调消费，尤其是不必要的消费。这是对自己劳动成果的不尊重。只有合理地规划和使用自己的劳动成果，才能更好地发挥财富的价值。在日常生活中，我们可以从记录自己生活中的每一笔收入和开支做起，在记录和分析中找到自己消费结构的合理之处与不合理之处，并注意及时调整和优化，从而实现理性消费，形成科学理财的意识和能力。

理性消费有以下常用策略：

1. 正确认识自身消费能力

未来可根据自身的收入水平和风险偏好，合理确定资产的配置结构与消费方式，例如可以将个人资产配置为四大块：短期消费、个人保险、风险投资理财、保本增值理财。同时应根据自己的收入水平，合理确定自己的消费能力，避免与自身还款能力不符的消费。

2. 理性规划消费行为

要理性对待一些商家推出的降价、返券、打折等促销活动，避免盲目消费、冲动消费，从而造成浪费。在选购商品时，要留意商家是否明码标价，谨防虚假打折，要"货比三家"，仔细查看商品的保质期、生产日期等，注意了解商家促销活动是否设置附加限制条件。

近年来，消费市场发展速度很快，但鱼龙混杂、良莠不齐，很多服务存在虚假宣传的现象。消费平台开展分期业务的主要目的在于使用户进行分期消费，但是拓展客户的方式主要在线下，业务员为了业绩，容易对消费者进行诱导。从消费者自身角度来看，分期消费让非理性消费行为增多。分期消费时每期付款数额相对较小，令人有一种花费较少的错觉。因此要合理选择分期消费，避免分期消费带来的非理性消费行为。

3. 积极防范消费风险

一些消费项目声称"高回报、高收益"，如某些金融项目等。对于那些所谓"高额回报、快速致富"的投资项目要冷静分析，要坚信"天上不会掉馅饼"，拒绝高利诱惑。一些特殊消费项目未经相关部门批准，可能会给消费者带来身心伤害，如未经规范注册的医疗美容项目。消费前可通过查询营运许可证书、拨打相关部门电话等方式查询和确认。还有一些法律明令禁止的消费项目，如野生动物交易、毒品交易等，均需加以识别和防范，必要时应报警。

在交易过程中要使用安全的支付方式，谨防信息泄露。尽量通过第三方支付平台付款，不要轻易相信对方以任何理由要求通过直接转账汇款至私人账户以及通过发送付款链接页面或扫二维码等方式付款。对于自己不熟悉的网站，支付时要慎重。遇到可疑情况时，应及时与官网客服联系并核实，避免上当受骗。

在网购时要保存网上的商品图片和商品介绍以及与商家的聊天记录、支付信息、订单信息等资料，并及时向商家索要发票，以此作为维权证据。线下消费时注意保留购物小票，并尽可能选择非现金付款方式。一旦发生消费纠纷，可及时联系商家协商处理，如纠纷依然不能解决，可以向当地市场监管部门或消保委投诉。

（二）合理使用他人的劳动成果

1. 珍惜父母的劳动成果

大部分学生还不便参与生产、创造价值，因此需要父母在生活上给予必要的支持和帮助，让自己逐步成长为合格的劳动者。在物质生活极其丰富、全民生活水平显著提升的今天，父母为子女创造了相比过去更为优质的生活环境。但是，一些人认为父母的给予理所当然，不体谅父母赚钱养家的辛劳，而是一味地要求父母满足自己超出家庭正常水平的消费。还有一些具有劳动能力的成年人，仍长期依靠父母的退休金生活。这些都是个体在劳动观、消费观上存在的问题，良好的物质生活环境是父母通过辛勤劳动换来的，子女在享受父母劳动成果的同时，也应予以合理对待和珍惜。

2. 依法使用他人的劳动成果

在法律层面，我国制定了很多法律法规来保护不同形式的劳动成果，其中具有代表性的便是《中华人民共和国专利法》。该法的主要目的是保护发明创造专利权，鼓励大众发明创造。此外，在我们购买他人劳动成果时，《中华人民共和国消费者权益保护法》等法律保护消费者的合法权益不受损害。在所有劳动成果中，脑力劳动成果的比重越来越大，从日常使用的各类电脑和手机软件，到各类网络游戏，再到随处可见的商标、海报、包装、影片等，这些劳动成果凝结了大量的人类智慧，体现了人类社会的多元性，并影响大众的生活习惯和休闲行为，甚至从根本上改变了人们的衣食住行。随着互联网技术的普及和发展，脑力劳动成果的获取越来越容易，人们动动手指就可以收看自己喜欢的综艺节目、电视剧、电影，查询到自己想要的资料。

但是，获取和使用脑力劳动成果并不是毫不受限的，要注意保护知识产权。知识产权是关于人类在社会实践中创造的脑力劳动成果的专有权利。人格权和财产权是知识产权的两个组成部分。脑力劳动的作品具有很强的人格性特征，同权利人的人身不可分离。其显著的特点是专有性，由所有权人专有和独占，其他人不得侵犯。知识产权包括两大类：著作权和工业产权。前者指的是自然人、法人或者其他组织对文学、艺术和科学作品依法享有的财产权利和精神权利的总称；后者指的是工业、商业、农业、林业和其他产业中具有实用经济意义的无形财产权。我国有一系列法律保护不同形式的知识产权，如《中华人民共和国民法典》《中华人民共和国著作权法》《中华人民共和国商标法》等。因此，在享受丰富的劳动产品时，应尊重和保护他人的脑力劳动，不可因为脑力劳动获取的便捷性，而在无意中侵犯他人的知识产权。否则，这不仅是不道德的行为，还有可能触犯法律。只有给予脑力劳动成果充分的尊重和保护，才能激励创作者创作出更多优秀的作品。

（三）爱护社会公共财产

1. 公共财产是一种特殊的劳动成果

大到土地、森林、山岭、草原、荒地、滩涂和其他海陆自然资源，小到街道上的公共座椅、围墙、绿化景观，都属于公共财产的范畴。这些公共财产既有待开发的国家资源，也有劳动者的劳动成果。与劳动者私人占有的劳动成果不同，公共财产是由国家所有、全民共享的，是国家为社会正常运转所提供的最基本保障。人们每天乘坐的地铁及享受的公共出行服务、周末去踏青和野餐的开放式公园都是公共财产，都是政府以统筹或购买的方式，向全社会提供的公共产品，是一种特殊的劳动成果。

2. 社会主义公共财产神圣不可侵犯

我国是社会主义国家，社会主义公有制经济在国民经济中居于主导地位。公共财产在国家和社会生活中扮演着十分重要的角色。《中华人民共和国宪法》第十二条明确规定："社会主义的公共财产神圣不可侵犯。国家保护社会主义的公共财产。禁止任何组织或者个人用任何手段侵占或者破坏国家的和集体的财产。"在社会主义建设的过程中，曾涌现出很多保护社会主义公共财产的优秀事迹，例如为保护生产队的羊群而严重冻伤的"草原英雄小姐妹"——蒙古族少女龙梅和玉荣，为保护药厂财产和周边居民安全而赴汤蹈火最终牺牲的广州市何济公制药厂员工向秀丽。

在日常生活中，一些人认为公共财产由政府提供、全民共享，因此不注意保护甚至直接侵占，给其他人带来了诸多不便。在人类历史上因为公共资源、公共物品的过度使用而造成的资源枯竭、公共物品破坏和浪费等问题屡见不鲜，例如过度砍伐森林，过度捕捞渔业资源，私拉电线，在公共场所随地吐痰、乱扔垃圾等。作为社会主义国家的公民在享受公共财产带来的便利的同时，有义务保护身边的每一项公共财产，让公共财产最大限度地发挥服务人民的价值。

知识链接：

北京大兴国际机场被誉为"新世界奇迹"，"她"宛如金色凤凰展翅腾飞，与首都国际机场遥相呼应，标志着北京"飞"入双枢纽时代（图3-4-1）。北京大兴国际机场是首都的重大标志性工程，是国家"十二五"规划建设重大基础设施项目，它不仅是世界规模最大的单体机场航站楼，而且还是世界施工技术难度最高的航站楼，年客流吞吐量能达到1亿人次的、80万架次的飞机起降量，能实现大体量智能照明、最高等级低能见度运行等，一举创下了40余项国际国内第一。走进大兴机场，旅客感受到世界级工程的雄伟：是中国唯一一个"三纵一横"全向型跑道构型设计的飞行区、宛如鲜花盛开的中央放射的五指廊构型的航站楼、轨道交通与航站楼一体化设计的综合交通枢纽，无不体现着中国建设者劳动的力量；进入航站楼，旅客将进一步体会到航站楼的设计之美：奇雄挺拔的中心峡谷、连绵起伏的祥云屋顶、力擎两翼的金色"C"形柱，无不给人眼前一亮的感觉。其造型设计非常独特，施工工艺堪称"完美"，置身其中，如同进入了一个白色的梦幻空间，让人赞叹不已，它还被英国《卫报》评为"新世界七大奇迹"之首。

图 3-4-1　北京大兴国际机场

大兴机场能在短短4年多的建设时间内建成，工程建设难度和速度震惊了世界，已经创造了技术专利103项、新工法65项，13项关键建设指标全部达到世界一流，国产化率达98%以上。它的创新与突破，折射了中国基础建设迈向更高界面的轨迹，代表了中国基建的最新水平，展示了大国制造的能力。正是凭借着这一系列独一无二的"中国速度"与"中国质量"，让刚刚投运的大兴机场赢得了国际社会的广泛好评。

大兴机场的投运，不仅标志着一个国际超一流交通枢纽的诞生，也为世界航空港的未来建设树立了新的标尺，它生动诠释着新中国成立以来从"站起来""富起来"到"强起来"的伟大飞跃和中国建设者劳动成果的来之不易。

任务五 "不可不知的劳动法律知识"
——劳动者合法权益保护专题教育

任务学习目标	建议课时	授课形式
◆ 了解劳动者权益的概念、内容和保护方式 ◆ 大学生实习权益保护	2学时	课堂讲授 扫描二维码3-5-1看微课视频 二维码 3-5-1

➢任务五　课内任务实践：实习中劳动权益保障体验——争当实习榜样（见实践活动工作页）

一、劳动者权益的概念、内容和保护方式

（一）劳动者权益的概念

劳动者权益是指劳动者作为人力资源的所有者，在劳动关系中，凭借从事劳动或从事过劳动这一客观存在获得的应享有的权益。

（二）劳动者权益包括的内容

1. 劳动者有平等就业的权利。是指具有劳动能力的公民，有获得职业的权利。劳动是人们生活的第一个基本条件，是创造物质财富和精神财富的源泉。劳动就业权是有劳动能力的公民获得参加社会劳动和切实保证按劳取酬的权利。公民的劳动就业权是公民享有其他各项权利的基础。如果公民的劳动就业权不能实现，其他一

切权利也就失去了基础。

2. 劳动者有选择职业的权利。是指劳动者根据自己的意愿选择适合自己才能、爱好的职业。劳动者拥有自由选择职业的权利，有利于劳动者充分发挥自己的特长，促进社会生产力的发展。劳动者在劳动力市场上作为就业的主体，具有支配自身劳动力的权利，可根据自身的素质、能力、志趣和爱好，以及市场资讯，选择用人单位和工作岗位。选择职业的权利是劳动者劳动权利的体现，是社会进步的一个标志。

3. 劳动者有取得劳动报酬的权利。随着劳动制度的改革，劳动报酬成为劳动者与用人单位所签订的劳动合同的必备条款。劳动者付出劳动，依照合同及国家有关法律取得报酬，是劳动者的权利。而及时定额地向劳动者支付工资，则是用人单位的义务。用人单位违反这些应尽的义务，劳动者有权依法要求有关部门追究其责任。获取劳动报酬是劳动者持续的行使劳动权必不可少的物质保证。

4. 劳动者有获得劳动安全卫生保护的权利。这项权利保证劳动者在劳动中的生命安全和身体健康，是对享受劳动权利的主体切身利益最直接的保护，包括防止工伤事故和职业病。如果企业单位劳动保护工作欠缺，其后果不仅是劳动者某些权益的丧失，而是其健康和生命直接受到危害。

5. 劳动者享有休息休假的权利。我国宪法规定，劳动者有休息的权利，国家发展劳动者休息和休养的设施，规定职工的工作时间和休假制度。

6. 劳动者享有社会保险和福利的权利。疾病和年老是每一个劳动者都不可避免的。社会保险是劳动力再生产的一种客观需要。我国《劳动法》规定劳动保险包括：养老保险、医疗保险、工伤保险、失业保险、生育保险等。但目前我国的社会保险还存在一些问题，社会保险基金制度不健全，国家负担过重，社会保险的实施范围不广泛，发展不平衡，社会化程度低，影响劳动力合理流动。

7. 劳动者有接受职业技能培训的权利。我国宪法规定，公民有受教育的权利和义务。所谓受教育既包括受普通教育，也包括受职业教育。公民要实现自己的劳动权，必须拥有一定的职业技能，而要获得这些职业技能，越来越依赖于专门的职业培训。因此，劳动者若没有职业培训权利，那么劳动就业权利也就成为一句空话。

8. 劳动者有提请劳动争议处理的权利。劳动争议是指劳动关系当事人，因执行《劳动法》或履行集体合同和劳动合同的规定引起的争议。劳动关系当事人，作为劳动关系的主体，各自存在着不同的利益，双方不可避免地会产生分歧。用人单位与劳动者发生劳动争议，劳动者可以依法申请调解、仲裁、提起诉讼。劳动争议调解委员会由用人单位、工会和职工代表组成。劳动仲裁委员会由劳动行政部门的代表、同级工会、用人单位代表组成。解决劳动争议应该贯彻合法、公正、及时处理的原则。

9. 法律规定的其他权利。法律规定的其他权利包括：劳动者依法参加和组织工会的权利，依法享有参与民主管理的权利，依法享有参加社会义务劳动的权利，从事科学研究、技术革新、发明创造的权利，依法解除劳动合同的权利，对用人单位管理人员违章指挥、强令冒险作业有拒绝执行的权利，对危害生命安全和身体健康的行为有提出批评、举报和控告的权利，对违反劳动法的行为进行监督的权利等。

（三）劳动者权益的保护方式

一般地说，从实力对比看，劳动关系的两个主体——劳动者和用人单位，劳动者往往处于弱势，用人单位则处于相对的强势。为了使法律规定的劳动者权利得到切实的实现，我国采取了工会和职工代表大会的组织形式，由其代表职工和组织职工参加国家和社会事务的管理，以及在企业中组织和代表职工参与企业的决策和管理。显然，工会和职工代表大会是代表和维护劳动者权益的主要组织，是劳动者实现劳动权利的主要途径之一。

二、大学生实习权益保护

（一）实习权益保护

1. 实习协议是实习生保护自我权益的有力武器，包含以下内容（图3-5-1）。

（1）实习期内工作时间的约定　　（2）实习期内实习报酬的约定　　（3）实习期内实习生发生伤亡的处理

（4）实习生在实习期知识产权归属的约定　　（5）实习期内发生纠纷的处理

图 3-5-1　实习协议内容

2. 签订实习协议的时候，实习生应注意以下几点（图3-5-2）。

图 3-5-2　签订实习协议注意事项

（二）就业权益保护

毕业生要做到顺利就业，必须明确自己所享有的权利。只有明确了这些权利，才能更好地维护自己的权利不受侵害。根据目前就业规范的有关规定，毕业生主要享有以下几方面的权利：就业信息知情权、就业指导权、被推荐权、就业选择自主权、平等就业权和违约损害赔偿请求权。

1. 大学生就业的基本权益

（1）就业信息知情权

①信息公开，即所有用人信息向全体毕业生公开。

②信息及时，也就是毕业生获取的信息必须是及时、有效的，而不能将过时的、无价值的信息传递给毕业生。

③信息全面，毕业生有权获得准确、全面的就业信息，全面地了解用人单位的需求，从而作出符合自身要求的选择。

（2）就业指导权

毕业生有权从学校接受就业指导。学校应成立专门机构，安排专门人员对毕业生进行就业指导，及时向毕业生传达有关就业方针、政策、法规，并对学生进行择业观念、择业技巧等方面的指导。

（3）被推荐权

毕业生享有的被推荐权，应包含这样几方面内容：如实推荐、公正推荐、择优推荐。

（4）就业选择自主权

毕业生有权自主地选择用人单位，任何强令毕业生到某单位就业的行为都是侵犯毕业生自主权的行为。

（5）平等就业权

毕业生享有平等就业的权利。我国《劳动法》规定，"劳动者享有平等就业和选择职业的权利"，"劳动者就业不因民族、种族、性别、宗教信仰不同而受到歧视"。

（6）违约损害赔偿请求权

损害赔偿请求权是指因权利人受到侵害而享有的要求加害人承担损害赔偿责任的权利。如因侵权行为造成他人的损害，受害人享有损害赔偿请求权。

2. 大学生就业权益的自我保护

（1）自觉遵守就业规范

（2）了解政策和法规

（3）预防合法权益受侵害

（4）维护自身合法权益

（三）就业法律保障

1.《就业协议书》的作用

（1）学校是凭《就业协议书》来派遣大学生的。学校依据《就业协议书》的内容开出《就业报到证》和《户口迁移证》，同时派遣学生档案。

（2）大学生一旦办理了《就业协议书》，则说明相关公司或人事局决定接收该大学生的档案，准备正式录用该大学生。

2.《就业协议书》的法律性质

（1）《就业协议书》的法律属性

（2）《就业协议书》不能取代劳动合同

3. 有效劳动合同应具备的要素

（1）主体资格合法

（2）合同内容合法

（3）当事人意思表示真实

（4）合同订立的形式合法

4. 劳动合同的订立原则（图3-5-3）

5. 与大学生关系密切的劳动合同签订事项（图3-5-4）

（四）违约责任与劳动争议解决

1.《就业协议书》争议解决办法

（1）大学生与用人单位协商解决

图 3-5-3　劳动合同的订立原则

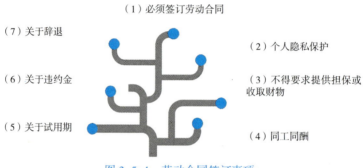

图 3-5-4　劳动合同签订事项

（2）学校或当地省级大学生就业主管部门与用人单位协调解决

（3）通过法律途径解决

2. 劳动合同争议解决办法（图3-5-5）

（1）协商和调解

（2）仲裁

（3）诉讼

图 3-5-5　劳动争议

知识链接：

教育部等八部门关于印发《职业学校学生实习管理规定》的通知

教职成〔2021〕4号

各省、自治区、直辖市教育厅（教委）、工业和信息化厅（经济信息化委）、财政厅（局）、人力资源社会保障厅（局）、应急管理厅（局）、国资委、市场监管局（厅、委），新疆生产建设兵团教育局、工信委、财政局、人力资源社会保障局、应急管理局、国资委、市场监管局，各银保监局：

为深入贯彻全国职业教育大会精神，落实中共中央办公厅、国务院办公厅《关于推动现代职业教育高质量发展的意见》，进一步做好职业学校学生实习工作，教育部、工业和信息化部、财政部、人力资源社会保障部、应急管理部、国资委、市场监管总局和中国银保监会对《职业学校学生实习管理规定》（以下简称《规定》）进行了修订。现予印发，并就有关事项通知如下。

一、准确把握实习本质

各地各职业学校要进一步提高站位，准确把握实习的本质，坚守实习育人初心，切实把实习作为必不可少的实践性教育教学环节，持续加强规范管理、长效治理。要深刻认识数字经济驱动下职业场景变化、岗位需求升级的新形势，会同有关部门进一步健全企事业单位接纳学生实习的激励机制，促进扩大和优化与专业对口的实习岗位供给。要主动适应前沿技术与实习深度融合新趋势，将实习纳入教育信息化建设覆盖范围，统筹建好、用好校内外实践教学资源。要具体分析职业教育贯通培养、培养模式改革等对实习安排提出的新要求，进一步加强统筹、合理分段安排，处理好实习与职业技能培训考核、升学备考等方面的关系。

二、严守实习基本规范和底线红线

《规定》提出了实习组织、实习管理、实习考核、安全职责和保障措施等全链条、全过程的基本要求，针对实习关键节点明确了行为准则，提出1个"严禁"、27个"不得"，为实习管理划出了底线和红线，对实习各方提出了刚性约束。各地要通过专家解读、专题教育、挂图海报、公益广告、新媒体等多种形式，以师生喜闻乐见的方式，帮助职业学校师生、家长和实习单位全面熟悉、准确把握实习管理的内容和要求，提高学生自我保护意识，及时总结推广典型经验和案例，形成良好的群体效应、社会效应。

三、落实实习管理协同机制

各地教育行政部门要主动加强与有关部门的沟通协调，共同制定《规定》落实工作方案，细化对实习单位接收学生实习的激励政策，明确部门联合监管的方式和分工。有关部门要指导职业学校、实习单位、学生以《职业学校学生岗位实习三方协议（示范文本）》为基础，签订三方协议；实习三方协议（示范文本）内容不得删减，如有其他需要可在三方协议中以附件形式添加有关条款。省级教育行政部门要统筹整合现有资源，在2022年3月底前启动建设省级实习管理信息系统并逐步完善，主动会同有关部门，实现实习登记备案全覆盖、过程动态监管全覆盖。要完善职业教育考核指标体系，把实习工作列为学校领导干部和学校办学质量考核评价。

四、强化实习监管和问责

各地有关部门要按照"管行业必须管安全、管业务必须管安全、管生产经营必须管安全"和"谁主管谁负责"的原则，定期组织自查、加强日常监管，特别是加强实习安全管理，健全突发事件应急处置制度机制。省级教育行政部门要联合有关部门，针对突出问题、关键时段、重点领域，结合教育督导、治安管理、安全生产检查、职业卫生监督检查、劳动保障监察、工商执法等，采取"双随机一公开"方式开展专项排查、重点抽查。地方各级教育行政部门和职业学校要于2022年1月底前公布监督咨询电话，畅通政策咨询与情况反映渠道，汇总各方情况反映和问题线索并建立专门台账，整改一个销号一个。有关部门要对违反本规定的职业学校、实习单位及相关责任人，依法依规严肃处理、联合惩戒。教育部将会同有关部门开展实地抽查调研。

工业和信息化部门要结合推进制造业高质量发展，通过产业政策、项目引导、服务型制造示范企业建设、培育"专精特新"中小企业等工作，鼓励先进制造业企业、省级"专精特新"中小企业、产教融合型企业以及有条件的中小企业等积极参与校企合作，提供实习岗位。地方财政部门要落实职业学校生均拨款制度，统筹考虑学生实习安全保障相关支出和学费水平，科学合理确定生均拨款标准；企业因接收学生实习所实际发生的与取得收入有关的合理支出，依法在计算应纳税所得额时扣除。人力资源社会保障部门要积极探索职业学校实习生参加工伤保险办法，银保监部门要依法监管职业学校学生实习责任保险和人身意外伤害保险。应急管理部门要督促指导矿山、危险化学品、工贸等有关行业领域实习单位落实安全生产主体责任，将实习安全责任履行情况作为安全生产检查的重要内容。各地国资部门要指导国有企业特别是大型企业将实习纳入企业人力资源管理重要内容，积极设立实习岗位并对外发布，对行为规范、成效显著的企业，按照有关规定予以相应政策支持。市场监管部门要将治理实习违规行为纳入整顿和规范市场经济秩序有关工作体系，将有实习违规行为的企业信息纳入社会信用体系，并按规定进行失信联合惩戒。各地组织开展实习工作情况将作为遴选职业教育改革成效明显的省（区、市）考虑内容之一。

教育部 工业和信息化部 财政部

人力资源社会保障部 应急管理部 国务院国资委

市场监管总局 中国银保监会

2021年12月31日

附件：请各地教育行政部门会同有关部门共同制订《规定》实施工作方案，于2022年2月20日前报送教育部（职业教育与成人教育司），其他有关重要工作情况请及时报告。

《职业学校学生岗位实习三方协议（示范文本）》（扫描二维码3-5-2阅读）

二维码 3-5-2

任务六　"从劳动的创造性到创造性劳动"
——大学生创新创业主题劳动教育

任务学习目标	建议课时	授课形式
◆ 了解大学生创新创业的内涵 ◆ 了解大学生创新创业的重要意义 ◆ 了解大学生创新创业项目的类别	8学时	实践

➢任务六　课内任务实践：大学生创新创业实践（见实践活动工作页）

一、大学生创新创业的内涵

大学生创新能力是指运用知识和理论完成创新过程、产生创新成果的综合能力。创新能力的表现形式是发明和发现，是人类创造性的外化。创新能力包含着创造性思维能力和创造性实践能力，主要包括四个方面的内容：创新意识、创新思维、创新技能和创新人格。

大学生创业能力是指在各种创新活动中，凭借个性品质的支持，利用已有的知识和经验，新颖独特地解决问题，产生出有价值的新设想、新方法、新方案和新成果的本领。创业素质的人才应具有的能力包括：创造力和创造精神、学习能力、技术能力、团队合作精神、解决问题能力、信息收集能力、敏锐的洞察力、研究和完成项目的能力、环境适应能力和献身精神等。

二、大学生创新创业的重要意义

开展大学生创新创业项目，有利于提高大学生综合素质和核心竞争力，在人的全面素质中，不仅要德智体美全面发展，而且要具有创新意识、创造精神和创业能力，而创业素质的养成必须通过创业教育来实现。创业教育不但体现了素质教育的内涵，而且突出了教育创新和对学生实际能力的培养。在未来的人才竞争中，核心竞争力的培育是至关重要的，高校的核心竞争力来自于培养大学生人文和科学素质、就业和创业技能、创新和创业精神的机制和能力。通过创业教育，培养大学生良好的创业素质，培育大学生的实践精神、探索精神、冒险精神和创业能力，进而促使学生注重自身基本素质的提高。

三、大学生创新创业项目的类别

大学生创新创业训练计划项目内容包括创新训练项目、创业训练项目和创业实践项目三类。

1. 创新训练项目是本科生个人或团队，在导师指导下，自主完成创新性研究项目设计、研究条件准备和项目实施、研究报告撰写、成果（学术）交流等工作。

2. 创业训练项目是大学生团队，在导师指导下，团队中每个学生在项目实施过程中扮演一个或多个具体的角色，完成编制创业计划书、开展可行性研究、模拟企业运行、参加企业实践、撰写创业报告等工作。

3. 创业实践项目是学生团队，在学校导师和企业导师共同指导下，采用前期创新训练项目（或创新性实验）的成果，提出一项具有市场前景的创新型产品或者服务，以此为基础开展创业实践活动。

四、大学生创新创业项目申报过程

1. 大学生创新创业项目申报立项

①学生自主申报。学生自主选题，也可在指导老师（先要找一位指导老师，可以是专业课的老师）的推荐下，拟定研究项目。由项目组组长（一般就是指导老师）负责组织填写《国家级大学生创新创业训练计划项目申报表》，经项目组成员、指导老师签字确认，按照学院要求的时间交到项目负责人（指成员中的一名大学生）所在学院。

②评审推荐。学院和学生组织会对拟申报项目的基础条件以及项目组成员、指导老师等方面进行资格审核筛选，择优排序推荐项目。

③若申报各环节都通过，签订必要文件后，立项成功。

2. 大学生创新创业项目的选题

可以通过网络查阅往年的大学生创新创业项目的资料，或者通过发现某些产品存在的不足，然后对它进行改造或改进，或者针对某一个问题进行调研，或者找老师推荐，只要是有创新点都可以作为选题。

3. 大学生创新创业项目的最终成果

验收结果中，必需材料为项目的总结报告，补充材料为论文、设计、专利以及相关支撑材料。

知识链接：

大学生创新创业项目

1. 实训项目一：申办并经营你的企业

实训目的：经营新创办的企业

实训要求：

①调查分析想要从事的行业，明确自己想要提供何种产品和服务给消费者；

②选择合适的商业模式并模拟工商注册流程；

③结合经营运作的情况，检验创业实践，对创办新企业的整个内容作出客观评价，提出进一步改造的意见和措施；

④提交一份完善的创办企业的经营和管理方案。

实训步骤：

①分组：6~8人一组；

②做市场调查，收集数据，各小组讨论分析数据，选择相应的商业模式；

③各小组模拟工商注册流程，经营企业并检验创业实践；

④每组成员分工以PPT的形式向所有同学展示，并提交书面材料；

⑤教师对每组的PPT演示予以评价；

⑥同学互评，教师进行适当点评并进行实训总结；

⑦教师对各项目小组及各成员进行综合成绩评定。

2. 实训项目二：利用大数据了解分析市场行情

实训目的：

①认识到大数据的重要性；

②熟悉使用常见的大数据；

③掌握将大数据同创新创业结合起来的方法。

实训材料：

总结常见的大数据分析工具及平台，并熟练使用。

实训要求：

①以创业团队为单位，基于已选择好的大数据指数，了解分析市场行情；

②提交一份基于大数据分析的市场行情报告书。

实训步骤：

①资讯准备

a. 确定具体产品和所推广的市场；

b. 通过不同渠道收集相关资料。

②工作任务实施

a. 确定市场行情报告书的主题思路；

b. 撰写在某一具体市场上的市场行情报告书；

c. 制作一份市场行情报告书PPT；

d. 进行市场行情报告书陈述演练。

③工作检查与评价

a. 每组成员分工就所撰写的市场行情报告书进行陈述；

b. 教师对每组市场行情报告书的陈述和PPT予以评价；

c. 同学互评，教师进行适当点评并进行实训总结；

d. 教师对各项目小组及各成员进行综合成绩评定。

3. 实训项目三：在互联网思维下对某产品进行营销策划

实训目的：

①认识到互联网思维的重要性；

②练习将互联网思维与创新创业活动相结合；

③学习撰写营销策划方案。

实训要求：

①以创业团队为单位，基于已选择好的某款产品，采用互联网思维，进行营销方案的创新和设计；

②提交一份基于互联网思维的某产品营销策划方案。

实训步骤：

①组建创业团队；

②收集相关资料；

③小组讨论，进行营销策划；

④撰写某产品营销策划方案；

⑤小组进行策划方案汇报，教师点评。

参考文献

[1] 河南省职业技术教育教学研究室. 高等职业院校劳动教育指导手册[M]. 郑州：河南科学技术出版社，2020.

[2] 杨伟国，蔡飞. 劳动教育[M]. 北京：高等教育出版社，2022.

[3] 高丙中. 社团合作与中国公民社会的有机团结[J]. 中国社会科学，2006（3）：110–123+206–207.

[4] 埃米尔·涂尔干. 社会分工论[M]. 渠东，译. 北京：生活·读书·新知三联书店，2000.

[5] 张凤阳. 契约伦理与诚信缺失[J]. 南京大学学报（哲学·人文科学·社会科学版），2002（6）：33–39.

[6] 宫敬才. 诚信的经济规律性质——学习恩格斯的一个重要论述[J]. 求是，2002（15）：35–37.

[7] 尉迟光斌，张政文. 论马克思劳动观及其对培育"敬业"核心价值观的启示[J]. 理论月刊，2016（5）：11–17.

[8] 李丽丽. 论社会主义核心价值观之敬业[J]. 中国特色社会主义研究，2015（5）：78–83.

[9] 肖群忠，刘永春. 工匠精神及其当代价值[J]. 湖南社会科学，2015（6）：6–10.

[10] 马克·波斯特. 第二媒介时代[M]. 范静哗，译. 南京：南京大学出版社，2005.

[11] 成海鹰. 道德教育中的享乐与劳动[J]. 云梦学刊，2021，42（1）：84–91.

[12] 康德. 实用人类学[M]. 邓晓芒，译. 上海：上海人民出版社，2002.

[13] 中共中央马克思恩格斯列宁斯大林著作编译局. 马克思恩格斯全集（第四十二卷）[M]. 北京：人民出版社，1979.

[14] 中共中央马克思恩格斯列宁斯大林著作编译局. 马克思恩格斯全集（第四十六卷下册）[M]. 北京：人民出版社，1980.

[15] 中共中央马克思恩格斯列宁斯大林著作编译局. 马克思恩格斯全集（第一卷）[M]. 北京：人民出版社，1956.

［16］中共中央马克思恩格斯列宁斯大林著作编译局. 马克思恩格斯全集（第二十三卷）[M]. 北京：人民出版社，1972.

［17］相雅芳."劳动美"何以可能——兼论马克思美学思想的当代价值[J]. 毛泽东邓小平理论研究，2020（9）：67-73+109.

［18］郑子君.劳动精神在新时代的内涵和价值[J].人民论坛，2021（19）：82-84.

［19］中共中央、国务院关于全面加强新时代大中小学劳动教育的意见（2020年3月20日）.

［20］教育部关于印发《大中小学劳动教育指导纲要（试行）》的通知（教材〔2020〕4号）.

［21］教育部等八部门关于印发《职业学校学生实习管理规定》的通知（教职成〔2021〕4号）.

劳动与实践
——新时代劳动教育教程（高职版）
工作页

学校：_____

院系：_____

班级：_____

姓名：_____

学号：_____

中国建筑工业出版社

目　录

项目一　崇尚劳动　热爱劳动 …………………………………………… 001

　任务一　认知劳动——马克思主义劳动观专题教育
　　　　　实践活动工作页 ……………………………………………………… 001

　任务二　"从学生到公民"——劳模精神专题教育
　　　　　实践活动工作页 ……………………………………………………… 003

　任务三　"一屋不扫，何以扫天下"——争当文明寝室主题劳动实践
　　　　　实践活动工作页 ……………………………………………………… 005

　任务四　"扫雪除冰，便民利行"——清雪主题劳动实践
　　　　　实践活动工作页 ……………………………………………………… 007

　任务五　优秀毕业生职业劳动故事主题分享　实践活动工作页 ……… 008

　任务六　"技能人才，出彩人生"——专业技能拓展主题劳动实践
　　　　　实践活动工作页 ……………………………………………………… 009

　任务七　"劳动美，美在哪里"——"五一"国际劳动节主题教育
　　　　　实践活动工作页 ……………………………………………………… 010

项目二　尊重劳动　辛勤劳动 …………………………………………… 011

　任务一　"做一名新时代高素质劳动者"——劳动精神专题教育
　　　　　实践活动工作页 ……………………………………………………… 011

　任务二　"新时代的三百六十行"——职业认知专题教育
　　　　　实践活动工作页 ……………………………………………………… 013

　任务三　"我为人人，人人为我"——志愿服务主题劳动实践
　　　　　实践活动工作页 ……………………………………………………… 014

　任务四　"劳动创造美好生活"——职业素养提升专题教育
　　　　　实践活动工作页 ……………………………………………………… 015

任务五 "精益求精无止境"——工匠精神专题教育
　　实践活动工作页 ………………………………………… 016

任务六 "美丽中国植此青绿"——义务植树主题劳动实践
　　实践活动工作页 ………………………………………… 017

项目三　诚实劳动　创造劳动 …………………………………… 018

任务一 "从平凡到不平凡"——劳模工匠人才故事分享
　　实践活动工作页 ………………………………………… 018

任务二 "安全重于泰山"——劳动安全专题教育
　　实践活动工作页 ………………………………………… 020

任务三 "美丽乡村由我规划"——参与乡村振兴主题劳动实践
　　实践活动工作页 ………………………………………… 022

任务四 "诚信赢天下"——尊重劳动成果专题教育
　　实践活动工作页 ………………………………………… 024

任务五 "不可不知的劳动法律知识"——劳动者合法权益保护专题教育
　　实践活动工作页 ………………………………………… 025

任务六 "从劳动的创造性到创造性劳动"——大学生创新创业主题劳动教育
　　实践活动工作页 ………………………………………… 026

项目一
崇尚劳动　热爱劳动

任务一　认知劳动——马克思主义劳动观专题教育　实践活动工作页

姓名：_____　班级：_____　组别：_____　学号：_____　日期：_____

<table>
<tr><td colspan="2" align="center">"树立劳动意识"主题讨论</td></tr>
<tr><td>讨论议题</td><td>1. 从小学到初中，从初中到高中，再从高中到大学，离开家搬进宿舍，你能独自料理好生活吗？
2. 离开父母后，很多事情不得不独自面对，你能保持冷静照顾好自己吗？
3. "长大后你想做什么？"还记得当初你的理想吗？现在你成为一名大学生，你有信心在毕业后找到心仪工作吗？
4. 父母平日里负责挣钱养家，下班还要操持家务，作为子女你想减少父母的辛劳吗？
5. 作为家里的一份子，每个人都需要承担力所能及的责任，你愿意主动担当吗？
6. 父母通过劳动挣来的辛苦钱给我们零花，你什么都不做能心安理得地接受吗？
7. 想要衣服、电脑、手机……如果父母不再予取予求，你该如何自给自足呢？
8. 班级荣誉的取得需要每一位成员的齐心协力，你会爱惜来之不易的成果吗？
9. 教室很凌乱，没有清扫，但今天不是你值日，你愿意为大家清扫教室吗？
10. 高楼大厦的建成需要无数劳动者付出辛勤的汗水，你愿意为社会进步添砖加瓦吗？
11. 科学技术的进步需要无数劳动者的冥思苦想，你愿意为迭代创新助一臂之力吗？</td></tr>
<tr><td>任务活动目标</td><td>通过开展对于劳动意识的主题讨论，检验学生对于劳动的认识，通过讨论大学生要树立正确的劳动理念，培养爱劳动的习惯，提高大学生的劳动素养，提升大学生的劳动意识</td></tr>
<tr><td>任务活动对象</td><td>全体学生</td></tr>
<tr><td>任务活动指导老师</td><td>专业课教师和辅导员</td></tr>
</table>

续表

	"树立劳动意识"主题讨论
评价标准	计分标准：观众评分40%+评委评分60% 评分标准： （1）遵守评分规则 （2）立论清晰 （3）论据得当 （4）临场反应佳
活动评价	自我评价： 小组评价： 教师评价：
活动反思与提升	

姓名：_____ 班级：_____ 组别：_____ 学号：_____ 日期：_____

小组名称	评分项				总分
	语言表达 （10分）	立论清晰 （40分）	论据得当 （30分）	临场表现 （20分）	

任务二 "从学生到公民"——劳模精神专题教育 实践活动工作页

姓名：_____ 班级：_____ 组别：_____ 学号：_____ 日期：_____

"传承劳模精神，让青春在奋斗中闪光"实践劳动记录

实践内容	结合劳模精神，每位同学在学习生活中，做一项自己认为是有意义的劳动实践活动，能够体现当代大学生劳动特点，体现青春在奋斗中的闪光点，将自己的劳动过程和劳动感悟填写到记录表格中
活动指导老师	专业课教师和辅导员
劳动内容	
劳动剪影	
劳动过程	
劳动感悟	
设计一条劳模精神宣传标语（可录制小视频）	

评分细则：

评价项目	评价要点
实践活动内容 （30分）	1. 实践活动内容能紧紧围绕劳模精神主题，体现主动、诚实、不畏艰辛的刻苦精神（15分）
	2. 实施的劳动活动具有争创一流主人翁精神意识和甘于奉献价值追求意识（15分）
活动记录 （40分）	1. 对于劳动过程的记录细致认真，能够表达活动实施的详细流程（20分）
	2. 对于劳动的感悟能够从心而发，准确表述在此次劳动实践中所领悟到的劳动精神和自己在哪些方面有了提升以及对自我的反思（20分）
宣传标语设计 （30分）	"劳模精神"宣传标语设计具有新意、创意，能够体现学生对于劳动精神的理解和对今后自我价值实现的期望（30分）
加分项目	音乐、视频、道具等多种形式配合演讲内容可适当加分

任务三 "一屋不扫,何以扫天下"——争当文明寝室主题劳动实践 实践活动工作页

标准化宿舍量化细则

创建文明卫生宿舍 标准化宿舍量化细则			
文明宿舍	+5 分 / 人	未消毒	-5 分
示范宿舍	+3 分 / 人	内务脏乱差	-5 分 / 人
达标宿舍	+2 分 / 人	使用变压插台	-5 分 / 人
整体较乱	-2 分 / 人	无人宿舍不关灯、风扇	-5 分
被子叠放整齐	+2 分 / 人	辱骂纪检人员	-20 分 / 人
被子叠放不合格	-2 分 / 人	顶撞纪检人员	-15 分 / 人
被子放错位	-2 分 / 人	拒检	-10 分 / 人
床上无被子	-5 分 / 人	私自换锁、私接电源	-20 分 / 人
被子未叠	-7 分 / 人	插排串联	-10 分 / 人
床上乱	-3 分 / 人	聚众打牌、喝酒	-15 分 / 人
空床乱	-5 分 / 人	有烟头、扑克、打火机、酒瓶	-10 分 / 人
被子上放物	-2 分 / 人	使用违禁物品	-20 分 / 人
桌下乱	-3 分 / 人	假条迟交	-2 分 / 人
床沿挂物	-3 分 / 人	宿管委员开会迟到	-2 分 / 人
墙上挂物	-3 分 / 人	宿管委员开会未到	-5 分 / 人
柜子挂物	-3 分 / 人	外宿单迟交	-3 分 / 人
桌面整齐	+2 分 / 人	外宿单未交	-5 分 / 人
桌面乱	-2 分 / 人	熄灯后影响他人	-5 分 / 人
鞋摆放不整齐	-7 分 / 双	私自留宿外人	-15 分 / 人
地面不净	-4 分 / 人	晚归（22:00 之后）	-10 分 / 人
遮挡观察窗	-5 分	旷宿、顶铺	-20 分 / 人
垃圾未倒	-3 分	闯门岗	-15 分 / 人
门窗未擦	-2 分	门口放物	-5 分
不配合工作	-15 分 / 人	屋内有烟灰、烟味，酒味严重	-5 分 / 人
窗台摆物	-2 分	插排上床	-3 分 / 人
柜上放物	-3 分 / 人	在水房、厕所扔垃圾	-15 分 / 人
阳台脏乱	-5 分	乱扯乱挂	-3 分
暖气片摆物	-2 分 / 个	熄灯后大声放音乐、大声喧哗	-5 分 / 人

学生宿舍检查评分表

宿舍房间号：_____ 所属院系：_____ 辅导员：_____

项目	明细	检查情况	整改意见	备注
门窗	是否有积尘			
	是否堆积物品			
床	被子			
	床面			
	床下			
桌椅	桌面			
	桌下			
墙面	干净整洁情况			
阳台	物品摆放			
洗手间	干净整洁情况			有独立卫生间
用电	插排使用			
	插排串联			
	是否有违禁物品			
	是否私接电源			
整体	物品摆放			
	室内味道			
纪律	是否配合			
	检查窗贴纸			

鉴定意见：□1.文明宿舍　□2.示范宿舍　□3.达标宿舍　　考评人员：_____　　日期：_____

任务四 "扫雪除冰,便民利行"——清雪主题劳动实践
实践活动工作页

清雪评定细则

姓名:＿＿＿＿＿ 班级:＿＿＿＿＿ 组别:＿＿＿＿＿ 学号:＿＿＿＿＿ 日期:＿＿＿＿＿

序号	清雪要求	对应分值	评分方法及得分	得分
1	对班级划块责任区域内的道路、广场、停车场要做到"以雪为令,雪停人动,人动雪清"的组织原则	20 分	1. 本次降雪后马上组织人员清雪 10 分( ) 2. 在规定时限内清理冰雪 10 分( )	
2	对班级划块责任区域内的清雪工作应达到"露地面、见道线、路边净"的标准	35 分	1. 地面无积雪 15 分( ) 2. 露出路边石,路边石下不存有积雪 10 分( ) 3. 清理彻底,无冰带、冰凌、冰包 10 分( )	
3	班级划块责任区域内清除的积雪要按照要求"自清自运"统一堆放到指定地点	15 分	1. 拉运及时,无乱堆现象 5 分( ) 2. 按照指定地点堆放 5 分( ) 3. 堆放后要修形,保持雪堆整齐美观 5 分( )	
4	清雪完毕后,清雪工具使用情况	15 分	1. 正确使用工具,不乱丢、乱放 5 分( ) 2. 爱护工具,清雪工具损坏率低于 10% 5 分( ) 3. 有专人(班级负责人)负责借还 5 分( )	
5	在组织清雪时要加强管理、注意安全	15 分	1. 清理冰雪时各责任部门要有管理者参加 5 分( ) 2. 无学生嬉戏打闹现象 5 分( ) 3. 无学生受伤 5 分( )	
			合 计 得 分	

任务五　优秀毕业生职业劳动故事主题分享　实践活动工作页

姓名：_____　班级：_____　组别：_____　学号：_____　日期：_____

<table>
<tr><th colspan="2">"优秀毕业生事迹主题教育"讲座心得</th></tr>
<tr><td>任务活动意义</td><td>大学阶段是人生发展的重要时期，是世界观、人生观、价值观形成的关键时期。青年的价值取向决定了未来整个社会的价值取向，而青年又处于价值观形成和确立时期。党的十九大提出了"培养担当民族复兴大任的时代新人"的战略任务。以往届优秀毕业生的榜样事迹和优秀的典范工作案例，用社会主义核心价值观教育大学生，引导大学生扣好人生的第一颗扣子。为帮助广大学生树立明确的奋斗目标和正确的学习态度，强化优秀榜样示范引领作用，营造积极进取的校园学习氛围</td></tr>
<tr><td>任务活动目标</td><td>引导大学生向优秀毕业生学习，要勤学、修德、明辨、笃实，自觉践行社会主义核心价值观，以实际行动唱响主旋律，传播主流价值观，用先进思想、模范行动影响和带动在校大学生，为新时代中国特色社会主义建设添砖加瓦</td></tr>
<tr><td>任务活动对象</td><td>全体学生</td></tr>
<tr><td>任务活动指导老师</td><td>专业课教师和辅导员</td></tr>
<tr><td>任务活动形式</td><td>邀请优秀毕业生回校开展"经验分享""成长感悟"等报告会，或者举办优秀毕业生设计图片展等活动</td></tr>
<tr><td>预期效果</td><td>通过毕业生现身说法，提醒学生养成良好的学习习惯，明确终身学习的重要性。同时拓展校企合作、产教融合领域，了解行业发展趋势，促进专业建设进步，有效指导学生职业素养教育</td></tr>
<tr><td>心得体会</td><td></td></tr>
<tr><td>活动评价</td><td>自我评价：

小组评价：

教师评价：</td></tr>
</table>

任务六 "技能人才，出彩人生"——专业技能拓展主题劳动实践
实践活动工作页

姓名：_____ 班级：_____ 组别：_____ 学号：_____ 日期：_____

_____拓展技能社团（工作室）

活动日期	活动目标	实践训练项目内容	实践训练项目过程	作品展示	劳动实践收获	指导教师评价

任务七 "劳动美,美在哪里"——"五一"国际劳动节主题教育实践活动工作页

姓名:_____ 班级:_____ 组别:_____ 学号:_____ 日期:_____

"弘扬劳模精神 致敬'五一劳动奖章'获得者"专题讲座

任务活动主题	弘扬劳模精神是落实劳动教育的基本要求。从劳模身上要学习追求卓越的职业精神、精益求精的职业态度和坚持不懈的职业作风。大力弘扬劳模精神,学习劳模事迹,营造尊重劳模、学习劳模、争当劳模的氛围
任务活动目标	围绕高校立德树人这一根本任务,将劳模精神贯穿劳动教育的全过程。实现劳模精神教育与思想政治教育、专业教育、实习实训教育、社会实践教育和志愿社会实践服务相结合,让劳模精神、劳动精神和工匠精神成为大学生的精神追求
任务活动对象	全体学生
任务活动指导老师	专业课教师和辅导员
任务实施步骤	通过收看全国劳模和先进工作者的相关事迹报道、邀请行业知名劳模做报告、举办劳模精神座谈会等形式,推动在校大学生形成尊重劳动、劳动光荣的良好风尚,积极做新时代的奋斗者和劳模精神的践行者 (1)结合自身专业,谈谈如何提升自己的职业素养 (2)挖掘本行业的劳动模范,学习他们的先进事迹,谈谈你的心得和体会
评价标准	计分标准: 观众评分40%+评委评分60% 评分标准: (1)劳模精神表达清晰 (2)立论清晰 (3)讨论内容得当 (4)临场反应佳
活动评价	自我评价: 小组评价: 教师评价:
活动反思与提升	

项目二
尊重劳动　辛勤劳动

任务一 "做一名新时代高素质劳动者"——劳动精神专题教育实践活动工作页

姓名：_____　班级：_____　组别：_____　学号：_____　日期：_____

短剧·袁隆平

任务概述	以小组为单位，进行以"袁隆平事迹"为主题的短剧表演，并在表演结束后组织班级讨论
任务目的	通过本次短剧活动，一方面能够让学生从不同渠道收集袁隆平的事迹材料，对其劳动事迹有充分了解；另一方面通过角色扮演，让学生进一步体会践行劳动精神的现实挑战和重要意义。袁隆平身上集合了诚信、勤劳和创新等多种劳动精神，对其劳动事迹和劳动精神的了解，将能够进一步激励大学生践行劳动精神
任务实施步骤	（1）各学习小组收集袁隆平的生平报道及各类事迹，选择一个角度或者一项事迹设计短剧，短剧的细节可以进行艺术加工，但短剧的主要内容应符合事实 （2）各小组表演短剧 （3）表演结束后，各小组相互进行点评、打分，点评的主要标准是"短剧如何体现了袁隆平的劳动精神" （4）教师引导学生思考"当代大学生如何以实际行动向袁隆平学习"
活动评价	自我评价： 小组评价： 教师评价：

续表

	短剧·袁隆平
观后讨论任务	请根据本章内容，结合实际认真思考以下问题，并以小组为单位进行讨论。 1. 现代社会中，诚实劳动为何重要？ 2. 如何理解"奋斗本身是一种幸福"？ 3. 如何理解创新劳动在风险社会中的意义？

任务二 "新时代的三百六十行"——职业认知专题教育
实践活动工作页

认识和体验本专业职业岗位使用的工具

认识和体验本专业职业技能岗位的劳动工具，体会时代发展、技术进步在工具外观和功能变化方面的表现。例如，从认识木工和园艺的劳动工具开始，了解工具的基本特点与功能。

姓名：_____ 班级：_____ 组别：_____ 学号：_____ 日期：_____

本专业职业岗位劳动工具：

本专业职业岗位工具使用情境：

职业岗位劳动工具的功能特征	
职业岗位劳动工具的历史变迁	
职业岗位劳动工具的使用体验	

任务三 "我为人人，人人为我"——志愿服务主题劳动实践
实践活动工作页

姓名：_____ 班级：_____ 组别：_____ 学号：_____ 日期：_____

志愿者服务 实践活动记录

一、活动目标	
二、活动意义	
三、活动安排	
四、活动保障	
五、活动收获	

注：请自己思考，也可以与小组成员一起讨论，得出小组共同的观点。

任务四 "劳动创造美好生活"——职业素养提升专题教育实践活动工作页

姓名：_____ 班级：_____ 组别：_____ 学号：_____ 日期：_____

劳动体验——我是普法宣传员

活动主旨与意义	通过普法宣传活动，使大学生了解并熟知就业的相关政策法规，增强大学生在就业中的自我保护和维权意识，从而使其在就业过程中免受不合理的侵犯，成功就业，帮助大学生更好地走向社会
活动内容	1. 查阅相关的法律书籍和在网络上搜索，搜集整理就业中自我保护和进行维权的相关法律知识。例如，实习期间的自我保护和维权，求职就业期间的自我保护和维权的相关规定知识等 2. 对搜集的内容进行审核，确保内容的准确性和有效性。完成内容的整理后，可向相关专业老师进行审核确认
思考内容	求职就业中如何进行自我保护？ 就业中被侵权该如何维权？ 如何养成就业权益的法律意识？ 如何保护实习期间的权益？

任务五 "精益求精无止境"——工匠精神专题教育 实践活动工作页

姓名：_____ 班级：_____ 组别：_____ 学号：_____ 日期：_____

"传承工匠精神"主题讨论	观点
工匠精神是社会文明进步的重要尺度、是中国制造前行的精神源泉、是企业竞争发展的品牌资本、是个人职业成长的道德指引。讨论"工匠精神"需要具备怎样的品质？	
古今中外的匠人轶事，给予你在今后的工作和生活中哪些启示？	
什么样的工匠是合格的工匠，工匠精神的核心是什么？	

注：请自己思考，也可以与小组成员一起讨论，得出小组共同的观点。

任务六 "美丽中国植此青绿"——义务植树主题劳动实践 实践活动工作页

姓名：_____ 班级：_____ 组别：_____ 学号：_____ 日期：_____

义务植树 实践活动

活动目的	
活动主题	
活动时间	
活动地点	
活动参与人员	
活动内容	
活动流程	
活动中注意事项	
应急预案	

项目三
诚实劳动　创造劳动

任务一　"从平凡到不平凡"——劳模工匠人才故事分享
实践活动工作页

姓名：_____　班级：_____　组别：_____　学号：_____　日期：_____

"弘扬劳模精神　提升职业素养"主题讨论

任务活动主题	
任务活动目标	
任务活动对象	全体学生
任务活动指导老师	专业课教师和辅导员
任务实施步骤	（1）结合自身专业，谈谈如何提升自己的职业素养 （2）挖掘本行业的劳动模范，学习他们的先进事迹，谈谈你的心得和体会

续表

"弘扬劳模精神 提升职业素养"主题讨论

评价标准	计分标准： 观众评分40%+评委评分60% 评分标准： （1）劳模精神表达清晰 （2）立论清晰 （3）讨论内容得当 （4）临场反应佳
活动评价	自我评价： 小组评价： 教师评价：
活动反思与提升	

任务二 "安全重于泰山"——劳动安全专题教育 实践活动工作页

姓名：_____ 班级：_____ 组别：_____ 学号：_____ 日期：_____

	劳动体验——我是校园保洁员
活动意义	以促进学生素质综合发展为目的，积极开展各种形式的劳动教育，增强学生的劳动意识，培养学生良好的卫生行为习惯，创建洁、净、美的学习、生活环境，努力提高学生的身体素质
活动内容	每个班分为多个劳动小组，每周一至每周五轮流安排各小组在早晨进行卫生劳动，劳动过程中需注意人身安全。活动主要内容如下： （1）负责各班教室、门前走廊的卫生，负责由各小组承包的教学楼前后、操场以及绿化带区域的卫生 （2）负责各班宿舍内、走廊、楼梯的卫生，负责由各小组承包的宿舍楼前后区域的卫生 （3）负责由各小组承包的除教学楼、宿舍楼以外的校内其他建筑前后区域的卫生 （4）负责由各小组承包的校外附近的交通路面的卫生
活动要求	1. 教室卫生 （1）教室及相应的走廊地面保持整洁，无纸屑、无杂物 （2）教室及走廊墙面无积灰、无划痕、无印迹 （3）门窗无积灰，玻璃明亮干净 （4）讲台、课桌椅无积灰，排放整齐 2. 宿舍卫生 （1）室内地面清洁，墙壁无乱写、乱画、乱贴现象 （2）床上用品与生活用品干净整洁、摆放整齐 （3）室内无异味 （4）室内及走廊垃圾桶及时清倒，不得有垃圾存放，保持垃圾桶无污垢 （5）宿舍及走廊墙面无划痕、无印迹，宣传字画、开关、消防等设施无损坏 （6）走廊及楼梯清扫干净 3. 交通路面卫生 （1）保证路面无石块等危险物 （2）保持路面干净整洁 （3）保持路牌标识等公共设施干净清晰、无损坏 4. 公共区域卫生 （1）保证各区域整洁干净，做到无纸屑、果皮等废弃物 （2）绿化带无杂物、无损坏 5. 卫生监督 （1）各小组有义务保证所负责区域的卫生环境良好。若出现未达到要求的情况，需及时安排人员处理 （2）各小组要对所负责区域的卫生进行监督，可向班级或年级举报相关破坏卫生环境的行为
活动评价	每个小组根据自己小组成员的总体表现进行评分，填入表中并针对小组在劳动过程中的不足之处提出改善意见

续表

	劳动体验——我是校园保洁员	
评分项	劳动中积极主动（20分）	评分：
	劳动中不怕脏、不怕累、不怕苦（20分）	评分：
	劳动中认真仔细、一丝不苟（20分）	评分：
	劳动中互相帮助（20分）	评分：
	劳动中对安排的任务没有怨言（20分）	评分：

任务三 "美丽乡村由我规划"——参与乡村振兴主题劳动实践
实践活动工作页

姓名：_____ 班级：_____ 组别：_____ 学号：_____ 日期：_____

"三下乡"社会实践	
活动主题	
参加对象	
活动目的	
活动时间	
活动地点	
活动方式	
活动内容	
活动成果	

续表

	"三下乡"社会实践	
评分项	实践中积极主动（10分）	评分：
	实践中服从安排分配（10分）	评分：
	实践中态度认真仔细、一丝不苟（10分）	评分：
	实践中充分发挥大学生专业技能特长（20分）	评分：
	实践中敬业、刻苦（10分）	评分：
	实践中任务完成成果（20分）	评分：
	实践中成果积累认真、完整（20分）	评分：

任务四 "诚信赢天下"——尊重劳动成果专题教育实践活动工作页

姓名：_____ 班级：_____ 组别：_____ 学号：_____ 日期：_____

尊重劳动成果主题班会

活动目标	1. 懂得我们生活所需要的一切物品都是劳动者辛勤劳动的成果，来之不易，知道珍惜劳动成果就是尊重劳动者 2. 能从自己身边的小事做起，不挑吃穿，不乱用钱，不攀比，不讲排场，不奢侈浪费，理性规划消费行为 3. 培养学生尊重劳动人民、珍惜劳动成果的思想，珍惜父母的辛苦和劳动，合理使用他人的劳动成果
参加对象	
班会内容形式	集体演唱一首有关劳动的歌曲、表演小品、讲述名人故事、朗诵诗歌、进行拼字游戏、宣读倡议书等
班会讨论话题	1. 你知道一盒牛奶的生产需要哪些人的辛勤劳动吗？ 2. 你知道老师讲授的知识和技能的形成需要哪些人的辛勤劳动吗？ 3. 如何对待知识产权保护问题？
班会心得	

任务五 "不可不知的劳动法律知识"——劳动者合法权益保护专题教育实践活动工作页

姓名：_____ 班级：_____ 组别：_____ 学号：_____ 日期：_____

	实习中劳动权益保障体验——争当实习榜样
活动主旨与意义	通过实习，完成教学计划所规定的学习任务，培养学生良好的职业道德和热爱劳动的品质，加深学生对已学专业理论知识的理解，使学生熟练掌握从事本专业必须具备的操作技能和技巧，让学生了解社会、了解生活、扩展知识领域，提高学生的认识能力与应变能力
活动内容	1. 例会。认真参与实习单位组织的各种例会，较快地融入新团体，以便更好地开展工作 2. 集训。参加单位集训，培养团结合作精神，认真参与，有集体荣誉感 3. 实际工作。在实习中掌握待人处事的技巧，能很好地与同事交流，履行好自己的职责，努力完成每一项工作任务；将实际操作的情况反馈到专业知识中，完善所掌握的知识与技能；安排自己的工作日程，合理安排时间，做到按时、按质、按量完成任务 4. 汇报。各班级定期组织实习汇报，将大家的实习过程、感受等汇总，取长补短，以便大家更顺利地完成实习
活动要求	1. 服从学校的推荐和实习单位的工作安排，听从老师、实习单位指导师傅和领导的指挥。不计较单位好坏，不计较收入高低，不计较岗位差异 2. 勤学好问，刻苦钻研，精益求精，一丝不苟，努力提高自己的专业知识、业务水平和动手能力，努力做到工作态度好、工作质量高 3. 遵守学校制订的实习纪律和实习单位的规章制度，遵守国家有关的法律法规，乐于接受正确的批评和教育，有意见可向学校反映 4. 尊敬师长和同事，虚心好学，讲究文明礼貌，注重仪容仪表 5. 完成实习任务，按时写好总结。未经实习单位及学校同意，不得擅自离开实习岗位及实习单位 活动评价： 实习完成后，每位同学从学习态度、工作态度、人际关系情况、技能掌握情况、遵守规章制度情况和个人创造价值情况6个方面对自己的实习情况进行客观评价，并针对不足之处提出改善方案，填入表中
评分项	学习态度（20分） 评分： 工作态度（20分） 评分： 人际关系情况（10分） 评分： 技能掌握情况（20分） 评分： 遵守规章制度情况（20分） 评分： 个人创造价值情况（10分） 评分：

任务六 "从劳动的创造性到创造性劳动"
——大学生创新创业主题劳动教育 实践活动工作页

姓名：_____ 班级：_____ 组别：_____ 学号：_____ 日期：_____

大学生创新创业实践	
创业实践项目名称	
创业实践项目内容	
创新创业实施步骤	
创业项目成果	
创业心得	

续表

	大学生创新创业实践	
实践评价	创业报告书（20分）	评分：
	工作态度（20分）	评分：
	创业实施的主动性、积极性（20分）	评分：
	项目完成的预期成果（10分）	评分：
	遵守规章制度情况（10分）	评分：
	个人创新能力（20分）	评分：